酒遊法國名莊

周采蓁 編著

萬里機構・萬里書店

全攻略

Burgundy

Rhone

Bordeaux

酒遊法國名莊全攻略

編著 / 攝影
周采蓁

編輯
林榮生

設計
萬里機構製作部

出版
萬里機構・萬里書店
香港鰂魚涌英皇道1065號東達中心1305室
電話：2564 7511　　傳真：2565 5539
網址：http://www.wanlibk.com

發行
香港聯合書刊物流有限公司
香港新界大埔汀麗路36號中華商務印刷大廈3字樓
電話：2150 2100　　傳真：2407 3062
電郵：info@suplogistics.com.hk

承印
美雅印刷製本有限公司

出版日期
二〇一五年六月第一次印刷

萬里機構　　萬里 Facebook

前言

　　寫這本書的緣起，是一次幫朋友找資料的經歷。朋友想跟丈夫到法國渡蜜月，看酒莊，知道我接觸酒比較多，問我該怎麼玩。那時還沒去過，就上網找資料。一找不得了，幾乎是沒有的！有的也以法文資料佔多。若你沒有基礎的頭緒想要看哪個莊，基本無法編行程。那時我的工作是自由撰稿，時間較彈性，於是就想，倒不如自己去走走。寫了酒好些日子，沒去過酒區也實在說不過去，哈。就這樣，我一年內飛了四次法蘭西，看名氣大的，找當地酒區專家介紹有趣而名氣小的，還有親身看風土，品酒，吃地道菜，更學法文。

　　說到法文，有傳言說法國人都很驕傲，不肯說英文；有一半是真的，他們不太肯說英文，但據當地朋友說，那不是驕傲而是害羞，因為他們的英文比較差，說得少，所以不太敢說。香港人其實多少能體會這份「大概懂，但不太敢說」的心情吧。當然大家去短線遊並不用學法文，我在書的最後教大家一些求生法語，讓大家可以自在遊法。若到了酒莊，大部份人都會簡單英語，同時你會發現，最好的共同語言其實是對酒的熱愛。你懂欣賞那酒，對酒的風土和釀造充滿興趣的話，莊裡的人自會高興地跟你喝了又喝，談了又談，那種不太需要語言模式的溝通，實在是妙不可言。

　　在去法國以前，我以為酒莊只會嚴肅地釀酒，原來有不少也有遊客設施。他們並非像新世界般，將酒莊做到主題公園化，但部份會布置得特別浪漫，又開放城堡住宿（這相當符合法國人個性），有些特別著重活潑地教學，讓遊客知道更多釀酒知識，「最好的宣傳其實是口耳相傳。每個摸個酒桶、看過酒窖的人，都比從前更喜歡我們酒莊呢。」我從不少酒莊業者口中聽過同一番話，可見不少酒莊正在期待大家的大駕光臨呢。

周采葇 Iris

序一

周采蘩女史導遊法國酒莊大作，結集出版，命余寫幾個字，當然凜遵。

飲酒之初，便讀美國 Alexis Lichine 作品 Guide to the wine and Vineyards of France，並按其所介紹，買酒來試。時維八十年代初，只能外遊，但已經興趣盎然，想像他日輕車上路，按圖拜訪各地名莊，其樂無窮。

因為工作關係，1996 年才開始踏足法國酒區朝聖，初次遊覽波爾多，已覺非常熟悉，想必當年常讀 Lichine 大作之功。

至今又近二十年了，法國名產區，幾經歷遍，仍年年不憚重遊。享受美酒佳餚，舊雨新知，不亦樂乎。

觀周女史大作內容，法國名酒區，包羅幾盡，只欠阿爾撒斯及盧瓦爾河矣，但以周女史之年輕，想再凡一兩年，此書再版時，必將加入更多地區矣。

目前周女史之介紹，已甚可觀，各區名莊，皆在其中，更難得者，介紹了一些比較僻的酒莊，實在有耳目一新之感。

對計劃旅遊法國酒區者，這本書當然是理想的沿途伴侶，或家居閱之，伴以美酒，亦有足不出戶而猶身歷其境之妙也。

《酒經月刊》創辦人 - 劉致新

序二

　　葡萄酒在香港流行，已經不是近年的事。由最早期的小型酒舖街坊式發售，到近年成行成市的超市式連鎖店經營；「葡萄酒」已經由以往的小眾文化，變身成大生活的一部份。葡萄酒釀做，在世界各地是遍地生根，不過最具代表性的，還是離不開法國。香港飲法國葡萄酒的人很多，但真正認識法國葡萄酒的又有幾人？Iris 是小數認真學習葡萄酒，又快速能夠成為專家的新一代！Iris 由蘋果日報入行當小記者訪問我已經認識，今日貴為電台策劃加 DJ，成功之路就是拼！亞洲人飲葡萄酒，想到的是身份、地位與財富；真正懂葡萄酒文化的人，應該到產地走走。Iris 是行動先鋒，幾年來進進出出法國酒區，由南到北，東走到西，把喝過的精彩拿出來跟大家分享！這一本書有趣的地方不是那一款葡萄酒最貴最好喝，而是實實在在的講行程聊酒區！

　　葡萄酒飲用再去做分析，有時候要講天份。有些朋友無論是怎麼努力，怎麼「長氣」去形容葡萄酒也不一定做得好。有時侯，一句「收結細緻」就能説出了狀態。套用葡萄酒寫作中，朋友常見的一些常用語去形容本書。內容上是法國多個酒區的行程記述與葡萄酒的「奇妙結合」，由淺入深多「層次」的酒區介紹亦令到內容更「豐盈」。女孩子寫書比男性來得更「柔順細緻」，帶女性的「溫柔」亦是酒書中少有。

　　葡萄酒有趣的地方是有年限與狀態的，我相信 Iris 的酒書能夠開啟大家對葡萄酒世界的一個全新視野，同時也會像葡萄酒一樣時間越久，味道越濃。

水哥 - 紀曉華

目錄

四型人格 品酒之旅

波爾多 這樣喝

Chapter 3
應許之地
布根地

Chapter 4

通往快樂之門
隆河谷

Chapter 5

讓男人雄起
讓女人嬌美
香檳

Plus

附錄

Chapter 1

四型人格
品酒之旅

7月14日法國國慶，在波爾多交易所外煙花盛放。

四型人格品酒之旅

你為甚麼想到酒區去玩？因為想看那漂亮的葡萄園？想慕名到大酒莊參觀？假如酒區只有這些，包保你在兩天內就悶着叫走了。為了留住遊客，酒莊本身都有各種特色的旅遊設施，如城堡住宿、遊樂場式博物館，有些還可以騎馬和到葡萄園裡野餐！

因為酒莊也知道，即使來到酒區的人愛喝酒，但卻不一定是狂熱酒徒，只有多姿多采的活動才能為旅客留下一個美好的回憶。為了讓大家在選酒莊時不會太傷腦筋，我將酒莊分成四個主要類別，只要對號入座，保證你在一個酒區玩七天也不夠！

第一型　無酒不歡型

假如你熟悉 Robert Parker 多於奧巴馬；用開酒刀純熟過生果刀；波爾多列級酒莊列表當乘數表去唸；家中藏酒有 20 瓶以上，你就是一個不折不扣的酒徒。你不需要酒莊為你提供太多花巧的接待，只需直接跟你展示酒區地圖，介紹酒莊歷史，邊參觀酒窖邊講解釀酒方法，邊逛葡萄園邊示範如何修枝，這種充滿教育性的酒莊就最適合你。你不會介意同一區內的酒莊講解可能有點重複，當你在參觀首 4 個酒莊後，可能已對釀酒各個細節倒背如流，你開始懂得問一些更深入的問題，講解的人可能因為遇上一個行家而感到興奮，說不定在品酒時私人讓你多試幾款有特色的！在一個假期後，你大概就變了那個酒區的半個專家了。

第二型　美食探索型

你喜歡美食，自然就喜歡酒，因為酒也是美食經驗的重要一環。那些涉及大堆化學和機械名詞的釀酒學不是你杯茶，你最有興趣的是了解在哪裡能買好酒，還有酒和本地食物配搭的竅門，所以那些著重教遊客如何享受美酒的酒莊最適合你。有些會教你如何品酒，例如以香氣瓶子教你辨認青椒、薄荷或煙草味，有的會設有品酒班，教你怎樣的酒能與菇菌類或巧克力配搭，有些酒莊提供餐點，侍酒師會介紹本莊的酒與本地食物配搭的竅門。在這個旅程以後，你會記得哪個莊、哪片田的出品最合你口胃，以後就懂買最適合自己的酒了。

第三型　文化藝術型

愛文化、愛藝術的人少有不愛酒，因為酒也是釀酒師這班味道藝術家的心血結晶！但你可能暗自擔心一場來到法國，只窩在酒區裡豈不是會錯過了那舉世聞名的藝術館？法國文化並非只有巴黎文化，古代的朝聖路、羅馬高盧人遺址、中世紀醫院、十七世紀貴族大宅、大革命遺址、歷代帝王加冕的大教堂（不在巴黎！）、Art Deco 之城等全都只在酒區能找到；有些酒莊甚至讓你住在那些數百年大宅裡，衣櫃、地氈、餐具都是一代接一代傳下來的古董，住進去可過足懷舊癮！不少莊主更是藝術愛好者，不單將酒窖化身藝廊，更會在夏日期間舉辦音樂會，酒區絕對能給你一個不一樣的法國文化藝術之旅。

第四型　蜜月浪漫型

雖然不少酒莊既擁有漂亮葡萄園、宏偉酒堡和皇宮式花園，足夠讓二人未喝醉已陶醉，但必須要花些時間泡在「戀人的酒莊」，讓葡萄酒成為催情劑──酒，從來不會是戀人間的第三者。酒區的強項首推漂亮的酒莊住宿，包括富法國鄉土味的民宿、豪華的貴族酒堡。當晚上在法式典雅的浴缸泡鴛鴦浴，在柔軟大牀和被帳裡溫存後，早上一覺醒來就看到葡萄藤在陽光裡招展，吃着主人自製的果醬配鬆軟牛角包，想想也會覺得幸福。當然還要在漂亮的酒堡和花園間拍照留念，酒莊可是不少法國人拍婚照的熱點。另一個溫馨提示就是要選些較靠近城市的酒莊去玩，日間遊酒莊，傍晚到市中心逛購物街，再吃個法國大餐，配一支早上逛酒莊時買下的酒，也能為一天劃上個完滿的句號。

行程一
波爾多

一場來到遠離所有旅遊城市的波爾多,不最少逗留4天實在對不起交通時間,最好留夠7天,才算玩得圓滿。由於這酒區幅員廣闊,建議大家以市中心為基地,每天到一個小酒區作一日遊。若你對某區的興趣特別濃厚(例如梅多克),就把行李寄放在市中心的酒店,只帶輕便行裝,到該區住一晚。

在市中心遇上街頭表演的學生。

Day 1 市內觀光

若乘搭法航的凌晨班機,大約在清晨到達巴黎戴高樂機場,接着應該有足夠時間到機場的TGV(高速列車),乘搭08:19發車、前往波爾多Bordeaux Saint Jean車站的列車,中午便能抵達波爾多。

長途跋涉後,建議這個下午先在波爾多市內觀光。包括到全歐洲最長的步行街Rue Sainte Catherine(P.76)購物,主街以外的小巷有地道餐廳,還有小酒舖,區內大小酒莊均齊備,價格頗為驚喜。

若不想購物,可以到「水之鏡」(P.77)走走,並在旁邊的法式花園感受當地的悠閒。

晚餐:以法國西南部菜馳名的La Tupina(P.80),記得預訂。

Day 2 梅多克區Medoc

以下列出可供參觀的酒莊,除了注明可步行前往,其他需開車或騎單車前往。

上午:由Bordeaux Saint Jean車站乘早班火車或開車前往波雅克Pauillac,均需約1小時15分鐘。【注意】早班火車在08:11開出後,下一班要到11:11,乘火車要早起。

可參觀1至2個區內酒莊。

可供參觀酒莊:Mouton、Cos d'Estornel、Phelan Segur(P.30,34,41)。

可步行前往:Lynch Bages、Pichon Baron/Pichon Lalande

午餐:Bages Village裡的Cafe Lavina,需訂枱。否則可到波雅克鎮中心幾家河邊餐廳用餐。

下午:由波雅克乘火車或開車到瑪歌Margaux(均需約25分鐘),並參觀1-2個區內酒莊。

可供參觀酒莊(全部可步行前往):Palmer、Rauzan Segla、Lascombe、Kirwan。(P.42,44,46,48)

至於Gruaud Larose(P.49)、Beychevelle(P.50)或Leoville Poyferre,這幾個莊位於由波雅克至瑪歌途中的正中間的Saint Julien-Beychevelle區,必須開車。

晚餐:市中心

聖愛美濃區 Saint-Emilion

上午：由 Bordeaux Saint Jean 車站乘早班火車或開車前往聖愛美濃，需時約35分鐘。【注意】早班火車在08:00開出後，下一班要到12:30，乘火車要早起。可參觀1至2個區內酒莊。

區內酒莊包括（全部可步行前往）：Chateau Canon、Angelus 和 Troplong Mondot（P.63,64,68）

午餐：Troplong Mondot 酒莊餐廳（須預約）或聖愛美濃鎮中心的餐廳

下午：熱愛文化藝術的你可在聖愛美濃鎮參觀古蹟、拍照及購買藝術品；飲家也可在鎮中心的數十家小酒舖裡，集中品嚐大小酒莊的出品。（P.78）開車的朋友可到旁邊的玻美侯 Pomerol 參觀釀酒大師 Michel Rolland 老家 Le Bon Pastuer（P.66）和古醫院酒莊 Beauregard（P.69）

晚餐：聖愛美濃鎮中心的餐廳，欣賞黃昏裡的古城

*若行程只有4天，這天完結後請跳到 Last Day

 巴薩克 Barsac

上午：由 Bordeaux Saint Jean 車站乘早班火車或開車前往巴薩克 Barsac，需時約40分鐘。【注意】早班火車在07:40開出後，下一班要到11:00，乘火車要早起。

可參觀巴薩克及蘇玳 Sauternes 區內的1至2個區內酒莊。

若到達的時間還早，可到河岸邊走走，感受一下清晨浪漫的霧氣。

區內酒莊包括：Chateau Guiraud、Chateau d'Arche、Chateau Gravas、Chateau Coutet、Chateau de Rolland、Chateau Myrat

中午：渡河到凱迪拉克 Cadillac，到 Restaurant Entree Jardin 用餐

下午：到甜酒博物館（P.71）學些酒知識，最緊要是盡情試酒！

到凱迪拉克舊城看古堡，或到聖十字山走走。

*若不喜歡喝甜酒，可跳過這天，並將梅多克的行程分成兩日，一天以波雅克為中心，一天以瑪歌為中心，那就可以參觀更多列級名莊。

**若沒有車或單車，要遊覽這區並不容易

 打發放假日 - 阿爾卡雄

7天假期流流長，總會遇上一個連酒莊都不開門的星期日。但在這天你一樣可過得精彩！早上必去河邊市場，攤檔群長達2.5公里，由果、菜、芝士和乾肉腸，以至各式地道美食攤檔，必吃本地即開鮮蠔。

說到蠔，其實更可到波爾多人度假熱點阿爾卡雄，這裡是這些肥蠔的產地，更可在海灘嬉水和見識歐洲最大的沙丘。

晚餐：芝士餐廳 Baud et Millet

 Leognan 雷奧良區

上午：參觀一至兩個酒莊

中午：在 Smith Haut Lafitte 酒店 Les Sources de Caudalie 裡午餐，無論 Bistro 還是 Fine Dining 都精彩

下午：參觀 Smith Haut Lafitte

*若沒有車或單車，要遊覽這區並不容易

 Pessac 碧莎區（4天行程同樣適用）

非常接近市中心，可乘電車再步行前往

上午：可參觀精彩的花園皇宮酒堡克萊蒙教皇堡 Pape Clement（P.57），或大名鼎鼎的 Haut-Brion，若兩個都想參觀要預算多點時間。

中午：回市中心用餐。若還有時間可到市中心家樂福超市最後買手信及看看有沒有大特價美酒。記著要早最少30分鐘到火車站，以免錯過上機場的火車！

行程二 布根地

布根地是法國另一重要酒區，不過比波爾多面積小多了，所以花在交通的時間較短，甚至可以一輛單車走天涯。（可在第戎 Dijon 或伯恩城 Beaune 租單車，詳情向旅遊局查詢。）但若要到夏布利 Chablis 玩，就必須獨立預留一天。我會建議以伯恩為遊覽基地，因為伯恩城位處黃金丘中央。

Day 1 伯恩城 Beaune

由巴黎機場前往伯恩，沒有直接 TGV。前去有兩個辦法，乘 TGV 至里昂 Lyon，中間需轉車一次，全程需時約 4 小時。（在 SNCF 網上鍵入由 Aeroport Paris 至 Beaune，會自動列出最合適的接駁車）另外，由機場乘法航巴士前往巴黎市中心的里昂火車站 Gare de Lyon，再前往伯恩，連同候車和轉車時間，需時約 3.5 小時。

中午：抵達伯恩以後，建議先在伯恩午餐和市內觀光，包括參觀伯恩濟貧醫院（P.98）和到旅遊局問問城內有甚麼有趣活動進行中。在古城內已有大量的酒莊總部，心急品酒的你也可預約一個酒莊參觀。

Day 3 伯恩丘 Cote de Beaune

伯恩丘的酒區沒有火車站，不過騎單車路途不算遠。

上午：愛白酒的你可到蒙哈榭 Montrachet 村參觀一至兩個酒莊（P.120）；愛紅酒則可到玻瑪 Pommard 村。（P.118）

中午：到 Comte Senard 吃酒莊私房菜（P.116）

下午：在 Corton 出上遠足或參觀區內一至兩個酒莊。（P.115）若更喜歡大酒商的酒，則可回伯恩市中心參觀。（P.92）

Day 2 夜丘 Cote de Nuits

由伯恩前往 Gevery-Chambertin 和 Vougeot 兩個相鄰的 Grand Cru 村的火車由早上 7 時起每小時一至兩班，班次頻密。旁邊的 Vosne-Romanee 村沒有火車站，可步行前往，最好有單車。

上午：在其中一個村挑兩個莊來參觀，最好由 Gevery-Chambertin 或 Vougeot 開始。（P.104,106）若你主要靠步行遊覽，可跳過 Gevery-Chambertin，直接由 Vougeot 開始。

中午：各個村莊都有地道小餐廳，也可到芝士廠 Gaugry 品嚐本地芝士（P.145）。

下午：參觀 Chateau du Clos de Vougeot（P.106），想像一班試酒碟騎士在狂歡。到旁邊圍着石牆的田漫步，很快就看見十字架，這就是出產神聖 DRC 的田地。還不快合照？

參觀一個 Vosne-Romanee 的酒莊。若覺得光看酒莊有點悶，可到 l' Imaginarium（P.111），一個教育、娛樂與購物並重的汽泡酒兼農具博物館。

第戎 Dijon

由伯恩到第戎，自上午7時起每小時一至四班火車，班次頻密。可先在酒店退房，把東西留在伯恩城，輕裝到第戎玩。

上午：試食「第戎三寶」及買手信。

中午：用餐後回伯恩，留意預留足夠時間乘火車回機場。

下午：若繼續旅程，這個下午可在伯恩市中心參觀其他未看的酒莊。

 馬貢 Macon

可先租車，因為接下來大部份景點遠離火車站。

上午：到馬貢參觀兩個酒莊。(P.128)

下午：從這裡開始可以選擇 Plan A 或 Plan B。

Plan A：感受熱情又好玩的法國中部——馬貢及薄酒萊

Day 5下午：到大石 La Roche de Solutre 遠足，感受天地靈氣。(P.128)

入住 Domaine la Source des Fees 精靈泉酒店，與莊主度過一個品酒黃昏。訂房時跟莊主同時預訂晚餐。(P.129)

 薄酒萊 Beaujolais

上午：參觀尤如迪士尼樂園的薄酒萊博物館杜柏夫小村莊（Hameau Duboeuf）(P.138)

中午：在杜柏夫小村莊內用餐

下午：參觀兩個酒莊。推介凡爾賽花園酒莊拉雪茲城堡和古堡酒莊夢梅拉城堡 (P.136)

晚上：入住里昂的酒店

 里昂市內觀光 Lyon

上午：到舊城區觀光，欣賞文藝復興建築和多采的小店

中午：到著名地道小酒館 Bouchon，吃重口味內臟菜。里昂有直接 TGV 高鐵回巴黎機場，時間較易預算。

Plan B：感受寧靜村莊和山中海洋——夏布利 Chablis

由馬貢前往夏布利開車約2小時。夏布利的景點較散，若不開車就要預留較多的預算乘計程車。

Day 5下午：到貝如堡 Chateau de Beru，品酒及參觀十六世紀法國古董豪宅 (P.125)

晚上：入住位於夏布利的酒店 (P.124,127)

 夏布利 Chablis

早上：參觀 Domaine Laroche 萊赫雪莊 (P.127)

中午：到 Domaine Daniel-Etienne Defaix 德菲莊園吃精彩午餐及品酒 (P.124)

下午：到 Chablis Grand Cru 山上遠足，俯瞰夏布利全景

到 Domaine Alain Geoffroy 阿倫．杰佛里莊看那上萬件的有趣酒具藏品 (P.126)，順道到旁邊的 Louis Moreau 路易莫荷酒莊品酒 (P.127)

晚上：由夏布利開車至巴黎，在巴黎的酒店下榻。

巴黎

全日：把行李留在酒店，在巴黎購物及市內觀光。

若乘搭法航回程的夜機，就可在巴黎血拼足一天！

行程三
隆河北 &
隆河南

隆河南北雖同屬一區，地理上卻相去200公里。若只有4日行程，建議只玩隆河南或隆河北。下面列出兩個4日的行程，若有7天可玩，就將隆河北最後半天的接上隆河南的首半天就是了。在北隆河玩，可以里昂為基地住宿和租車，或一晚里昂，兩晚艾米塔吉。在南隆河玩，可以阿維儂為基地住宿和租車，或一晚阿維儂，兩晚教皇新堡。

隆河北

 ### 里昂市內觀光 Lyon

坐法航，清晨到巴黎，轉 TGV 到里昂，上午11時前便抵達。先到酒店登記，稍事休息。

下午：里昂是法國的美食首府，不愁沒有好吃的。午餐可先到舊城區的小酒館 Bouchon 解決，順道欣賞文藝復興建築和多采的小店。若喜歡 Bouchon 的風味不妨晚上到另一家再吃頓好的，因為名菜太多，吃兩餐才能多試一點有趣的菜色。

艾米塔吉區 Tain l' Hermitage

無論開車或乘火車前往艾米塔吉區也很方便（租單車詳情可向里昂或艾米塔吉區旅遊局查詢），可考慮接着兩晚也住在這小鎮，我自己特別喜歡那脈脈河水和舊城風景。

上午：一至兩個區內酒莊（全部可步行前往）：M. Chapoutier（P.152）、Cave de Tain（P.154）

中午：Cave de Tain 餐廳

下午：上山遠足並俯瞰艾米塔吉區（Cave de Tain 取地圖）

下山後到 Paul Jaboulet Aine（P.151）的小酒吧喝一杯和吃點小食，愛巧克力的你絕不能錯過到著名巧克力廠 Valrhona（P.170）遊玩。

 ### 艾米塔吉區 Tain l' Hermitage

上午：到艾米塔吉對岸的 Delas 莊（P.152）這個莊需踏單車或開車前往。接着可到乘觀光蒸汽火車上山觀光，並到山上野餐。

下午：看看 M. Chapoutier School 會否有品酒課可上，寓學習於吃喝。否則可到小店 Les Sens Ciel 上個簡單巧克力配酒工作坊，並品試其他區內好酒。

 ### 羅第區 Cote Rotie

上午：到 Ampuis 參觀羅第丘的酒莊

可供參觀酒莊（需開車或騎單車）：Domaine de Corps de Loup／Guigal／Domaine Barge（P.155,156,157）

若想到 Beau Rivage Condrieu 用餐，需預留兩小時去吃一頓正宗隆河菜。若要趕火車、趕飛機，就要預早到餐廳了。

在艾米塔吉地標 La Chapelle (小教堂) 前留影是常識吧。

隆河南

 阿爾城市內觀光 Arles

坐法航，清晨到巴黎，轉 TGV 到阿維儂，上午 12 時左右抵達。先到阿維儂的酒店登記，稍事休息。

下午：由阿維儂到阿爾火車班次頻密，開車也快，兩者均約 25 分鐘。阿爾城是個漂亮古城，到處有古羅馬遺址，包括鬥獸場，要吃的話餐廳選擇甚多，要購物有薰衣草和梵高的精品，絕對可以度過一個目不暇給的下午。

晚上：吃過晚餐，待有點夜色矇矓才離去更好，可在河邊親眼看梵高名畫《星夜的隆河》的景緻。

 教皇新堡區 Chateauneuf-du-Pape

除非你是單車好手，否則由阿維儂至教皇新堡太遠，教皇新堡上落斜也多，騎單車不容易，最好開車。

上午：參觀一至兩個酒莊，建議先參觀 Maison Brotte 或 Ogier，因為這兩個酒莊能給遊客一個教皇新堡的全面介紹。

午餐：古堡餐廳 Chateau des Fines Roches

下午：上鎮中心古堡遺址參觀，遙望阿維儂到鎮中心酒館 Vinadea — Maison des Vins，一口氣品嚐多個酒莊美酒 (P.165) 到田裡，在官方暨好介紹牌的路徑上遠足 (P.165)。

 教皇新堡區 Chateauneuf-du-Pape

上午：到一至兩個酒莊參觀。行程裡一定不能漏掉 Pegau 這個神之水滴兼 Robert Parker 一百分酒莊 (P.159)

午餐：鎮中心的餐廳

下午：到巧克力廠 Chocolat et Cie 參觀 (P.170) 到一個酒莊參觀。

 阿維儂市內觀光 Avignon

阿維儂舊城區相當漂亮，充滿景點如斷橋、教皇堡、大小教堂等，要吃的話也有繁多餐廳選擇。(P.166)

阿維儂有直接 TGV 火車回機場，時間較易預算。

行程四 皇家品酒之旅

假如你是個貪心酒客，不甘於只留在一個酒區，那就來個「皇家品酒之旅」吧，古代法國國王出遊也走這條路直達地中海。這條路一定要開車，最好有9天可玩。若時間不足，就自己抽走1-2天行程。因為幾乎每晚轉酒店，記得分開一份隨身行李，以省卻將大篋搬來搬去之苦。

在隆河區無數的豐收慶典裡，遊客都可感受收成的喜悅。

Day 1 香檳 Champagne

由巴黎機場前往漢斯，沒有直接 TGV。前去有兩個辦法，若乘 TGV 至漢斯，需要中間轉車一次，全程需時約 1.5 小時（在 SNCF 網上鍵入由 Aeroport Paris 至 Reims，會自動列出最合適的接駁車）另外，由機場直接開車前往漢斯，約 1.5 小時。

早上：到酒店卸下行李，稍事休息。到餐廳吃個早午餐，記得要點杯香檳，你在香檳區耶！（P.178）

下午：市內觀光，包括加冕國王的大教堂，市內 Art Deco 的建築，開車前往凱歌香檳廠 Veuve Clicquot 參觀（P.182）

Day 2 香檳至第戎 Champagne-Dijon

早上：由漢斯經 Montagne de Reims 的 D9 路，開車至 Epernay，沿路都是有名的香檳特級葡萄園 Grand Cru 村，風光美好，更可在不少小農戶購買自家釀造的香檳，好喝又抵買。（關於小農戶，旅遊局有豐富資料）這段路不停站約 40 分鐘，若加上品酒、買酒及拍照，可預算 2 小時。

預約一家在 Epernay 的大酒廠參觀（預約時間約 11:30）。（P.180）

中午：在 Epernay 吃過午餐，就出發往第戎 Dijon。車程約 2 小時 45 分鐘。

下午：第戎酒店下榻。市內觀光，吃盡三寶及買手信。（P.141）市內晚飯。

Day 3 夜丘 Cote de Beaune

早上：參觀一家位於 Gevery-Chambertin 的酒莊。（P.104）

到芝士廠 Gaugry 參觀及品嚐芝士。（P.145）

中午：參觀一家位於 Vougeot 的酒莊，然後到附近的小餐廳午餐（每個村都有些地道小餐廳）

下午：參觀梧玖堡 Chateau du Clos de Vougeot，感受葡萄酒的歡樂力量。否則可到 l'Imaginarium（P.111），一個教育、娛樂與購物並重的汽泡酒兼農具博物館。

黃昏：若想參觀 Anne Gros 酒莊（P.109）參觀，就到她的民宿下榻，翌日早上參觀酒莊。否則這晚回第戎酒店。

伯恩丘 Cote de Beaune

早上：參觀一至兩家位於 Vosne-Romanee、Nuits-Saint-Georges 或 Aloxe-Corton 的酒莊（P.115）

中午：到 Comte Senard 吃酒莊私房菜（P.116）

下午：到伯恩城，參觀伯恩濟貧醫院。（P.98）有時間可參觀城內一個酒莊，推介自助參觀的 Patriache，因參觀時間長短可自行控制。

到伯恩城酒店下榻，在黃昏裡看古城的美。

 伯恩城 Beaune

早上：參觀一至兩個酒莊。（P.114）

中午：城內餐廳午餐

下午：南下里昂，全程需開車1.5小時。

中途站可選①若喜歡白酒，可參觀一至兩個馬貢 Macon 的酒莊（P.128）；②若喜歡看宏偉建築，可到薄酒萊 Beaujolais 區參觀凡爾賽花園酒莊拉雪茲城堡和古堡酒莊夢梅拉城堡。（P.132）

晚上：入住里昂的酒店

 北隆河 Northern Rhone

早上：參觀一至兩個羅第丘 Cote Rotie 莊

午餐：Beau Rivage Condrieu 吃一頓正宗隆河菜。（P.157）

下午：前往艾米塔吉 Tain l'Hermitage 區，車程約1小時。入住區內酒店。

到 Paul Jaboulet Aine 的小酒吧喝一杯和吃點小吃，或在馳名巧克力廠 Valrhona（P.170）內遊玩兼大吃巧克力。

 南北隆河 Southern Rhone

早上：參觀一至兩個艾米塔吉區酒莊。（P.152）

中午：Cave de Tain 餐廳

下午：前往南隆河教皇新堡 Chateauneuf-du-Pape 區，車程約1.5小時。入住區內酒店。

參觀一至兩個區內酒莊，建議先參觀 Maison Brotte 或 Ogier，因為這兩個酒莊能給遊客一個教皇新堡的全面介紹。（P.160）

 教皇新堡 Chateauneuf-du-Pape

上午：到一至兩個酒莊參觀。行程裡一定不能漏掉 Pegau 這個神之水滴兼 Robert Parker 一百分酒莊（P.159）

午餐：古堡餐廳 Chateau des Fines Roches（P.164）

下午：到鎮中心酒館 Vinadea — Maison des Vins，一口氣品嚐多個酒莊美酒（P.165）

開車前往阿維儂，車程約30分鐘。入住區內酒店。

參觀阿維儂舊城區，景點包括斷橋、教皇堡、大小教堂等，要吃的話也有繁多餐廳選擇。（P.166）

 阿爾城 Arles

早上：可先將車退還租車公司，行李留在阿維儂酒店，再到阿爾城遊玩。（P.166）

由阿維儂到阿爾火車班次頻密，約25分鐘。阿爾城是個漂亮古城，到處有古羅馬遺址，包括鬥獸場，要購物有薰衣草和梵高的精品，絕對可以度過一個目不暇給的上午。

中午：阿爾城吃的選擇甚多。

下午：阿維儂有直接 TGV 火車回機場，小心預算回程時間即可。

Chapter 2
波爾多
這樣喝

波爾多地標水之鏡，夏天時很多本地人在水霧上玩水。

波爾多式貴族生活

為甚麼要到波爾多去？假如你愛葡萄酒，無論是初學者或是有數十年酒齡的老飲家，波爾多之於大家就像麥加之於回教徒一樣，虔誠信徒們一生人總想去一次。

不過遊客始終應該「先了解、後出發」，哪有不熟讀經典就出發朝聖的信徒呢？

波爾多對外人來説只是葡萄酒相關，其實不少法國人都覺得波爾多像巴黎，愛這地方的人愛這裡高貴和精緻的氣質，也熱愛她的繁華，討厭這裡的人説他們都高傲而自戀，這些讚美與批評本質上是同一回事吧！兩地同樣依據一條漂亮的河道來發展，在巴黎塞納河，在波爾多則是加隆（Gironde）河。加隆河一直伸延至大西洋，所以自古以來英國人、愛爾蘭人、荷蘭人都來買酒，不單運回國，更運到遍布世界的殖民地！當其他地區的酒都是法國佬自己喝的時候，波爾多已經名揚全世界。這些貿易收入讓波爾多人特別富有，傳統來説特別吃得好、住得好，即使到了今天，波爾多也不脱貴族氣，那大劇院、市政府等建築，還有那些寬潤的大理石路，也散發著富商的派頭。

波爾多是個大地方，若有機會過來絕不能錯過四個區域：左岸、右岸、碧莎和甜酒區。在不同的區域裡，反映出來的貴族面貌也不太一樣。

最具代表性的一定是左岸。據説在十八、十九世紀時，左岸因為有接近大西洋的地利，往往比右岸的酒早兩至四個月就能將酒運出國，正所謂早著先機，自然更早出名。今天很多人心目中的波爾多就是左岸那個有拉菲、拉圖的梅多克

區。這個地區有名有利，酒莊大宅建得漂亮又有氣派，所以即使不是公侯的寓所，大家都把大宅叫做堡壘（chateau）。他們可説是貴族中的貴族。在梅多克區大家一定不能錯過、也一定不會錯過的，就是那條堪稱「波爾多龍脈」的D2公路，拉菲、拉圖、靚次伯、愛斯圖爾、碧尚男爵、碧尚女爵、雄獅、寶馬，不能盡錄。

相比之下，右岸酒莊（小區聖愛美濃、玻美侯等）就較左岸的低調多了，莊園較小，酒的年產量少，但李鵬莊（Le Pin）、珀翠等的賣價只有比拉菲更高！這區的酒莊雖然沒有高門大戶，但只要你進去參觀，那些雅緻的平房總是內有乾坤，或者是藝術品，或者是古董酒莊器具，甚至是出人意料的寬敞地下酒窖，總言之雖然低調，卻有著雍容和溫柔的氣質。右岸的優秀酒莊就像皇族女眷，高貴而矜持。

夾在左岸和右岸酒區的碧莎區（Pessac）緊鄰波爾多市中心，除了五大左岸酒莊之一的侯伯王外，就再沒有酒莊在1855的分級裡榜上有名。但這裡有的是當代酒神Robert Parker（小派克）點名的名莊，Smith Haut Lafitte 和 Pape Clement 都在他手上拿過100分。雖然這小區在中世紀是波爾多產酒中心，但今天看來，她更像新貴。

要數最霸氣的，還是甜酒區，因為她是糜爛

波爾多市中心目前仍保留少量古城牆遺跡，這魏峨大門就是其中之一。

葡萄藤前種著花，為的不是裝飾，而是一旦有惡菌或疾病來襲，花往往比藤更快受感染。看見花出問題，農人便可立即採取救護措施。

的貴族！就像那些吃老爸遺產終日吃喝玩樂的富二代，總叫人又羨又妒，這裡的葡萄因為特定的地利而能感染「貴腐菌」，經歷了名正言順的腐敗過程後，就能釀出金黃蜜潤的甜酒。

說到喝必定說到吃，相比起法國其他地區菜色的精緻刁鑽，波爾多人的飲食相對簡單，例如在梅多克區煎牛扒和燒羊扒是家常菜，有時嫌不夠肥美還要將骨髓的油脂塗在牛扒上！啖啖肉配有力的紅酒就當然適合。而另一項相當有名的就是鴨肉菜，那些身價高昂的肥美鴨肝在餐廳裡通常是前菜，配上杯甜酒便如魚得水。還有法式油封鴨腿，配右岸紅酒一般也不錯。波爾多緊靠出產海鮮河鮮的大西洋和加隆河，這裡有名的生蠔、帶子、青口等配白酒當然沒問題。波爾多菜式烹調方法總較簡單，但材料卻貴價。例如同樣吃牛，燉牛肉的部位就不那麼講究，而牛內臟、尾巴、舌頭就更便宜，但波爾多人吃的是最貴的牛扒。再說鴨肝、生蠔和帶子，全都是名貴材料呢！

波爾多市中心不少建築物都有這種面譜雕刻，它們除了是建築物的守護神，從前更是屋主身份地位的象徵。

為甚麼波爾多人吃這麼多肉也不變大胖子呢？多喝紅酒大概有關係，同時他們也熱愛運動。梅多克馬拉松跑到 2014 年就到第 30 屆了，而甜酒名區蘇玳區馬拉松也辦了好幾屆，在瑪歌區更有環區單車比賽。這些比賽都將賽道設定為穿過不同酒莊，意思就是一邊運動也在喝！明明喝酒跟運動好像牛頭不搭馬嘴，但在這個國度，酒就是精神和血液，多喝酒是補充精力而已。

無論貴族氣的酒莊和飲食，聽起來也是滿吸引的，但貴族氣有一個討厭處，就是越有名的酒莊越難高攀，頂級酒莊如拉菲、拉圖或右岸的白馬、柏翠，要不是有酒商轉介是去不了的，一些特別有名的列級酒莊也要提前兩個月預約才能確保有位。另一個溫馨提示是同一天內只能預約一個區的莊，例如只約梅多克區的，或聖愛美濃的，或甜酒的。就以上三個區為例，由一個到另一個最少開車 1.5 小時，還未計大家不是當地人，常常一下子就會迷失在那些小路之間。記著看地圖編行程啊！

波爾多全圖

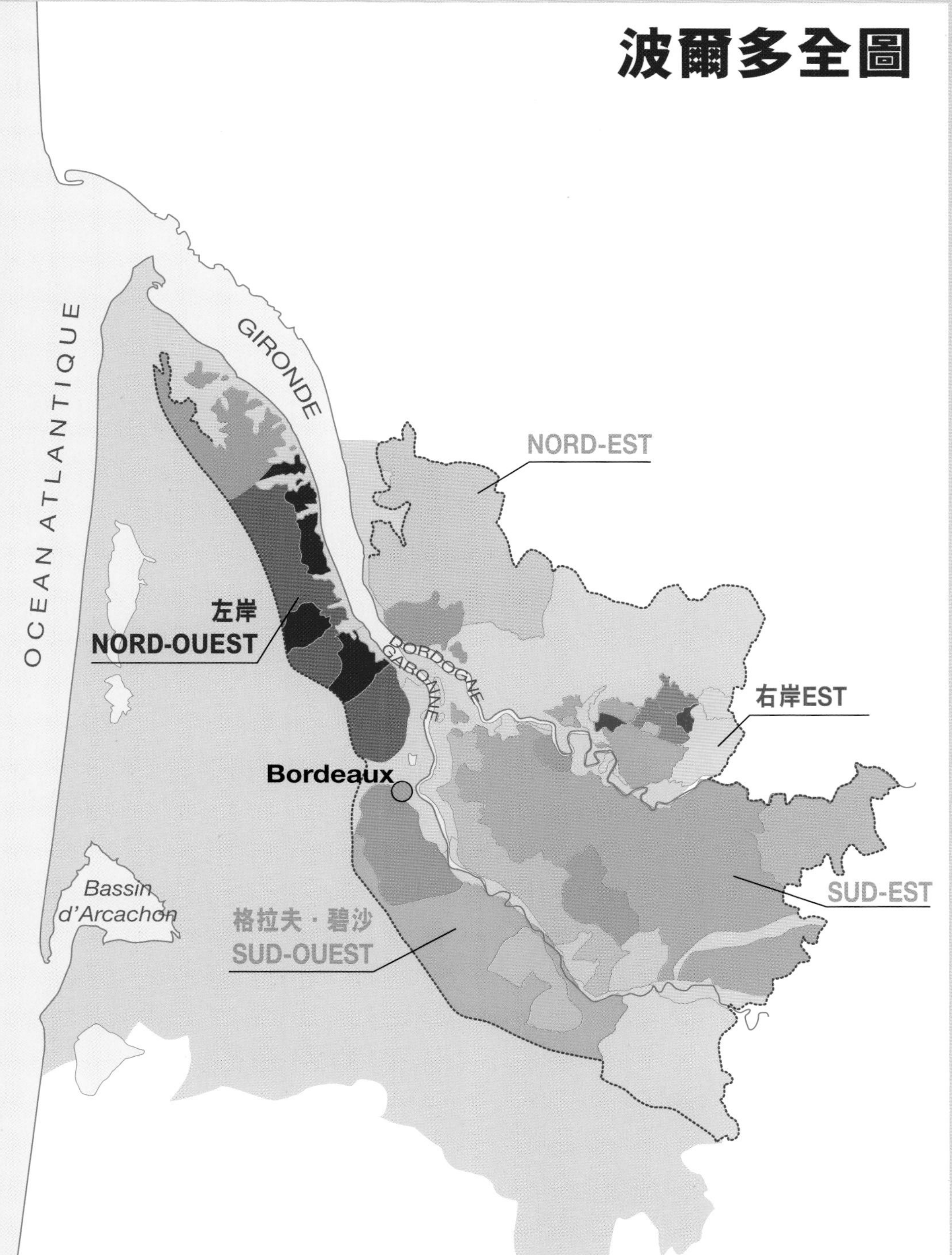

OCEAN ATLANTIQUE

GIRONDE

NORD-EST

左岸
NORD-OUEST

DORDOGNE

GARONNE

右岸EST

Bordeaux

Bassin
d'Arcachon

SUD-EST

格拉夫・碧沙
SUD-OUEST

波爾多左岸—梅多克（北）地圖

酒莊位置

❶ Chateau Castera 卡斯特古堡　*p53*
❷ Chateau Real 雷爾堡　*p52*
❸ Chateau Phelan Segur 飛龍世家　*p41*
❹ Chateau La Haye 海牙堡　*p51*
❺ Chateau Cos d'Estournel 愛士圖爾莊　*p34*

線上地圖

梅多克（北）

❻ Chateau Mouton Rothschild
　武當莊　*p30*
❼ Chateau Lynch-Bages
　靚次伯莊　*p36*
❽ Chateau Pichon Longueville
　Baron 碧尚男爵莊　*p38*
❾ Chateau Pichon Longueville
　comtesse de Lalande
　碧尚女爵莊　*p38*
❿ Chateau Leoville Poyferre
　龍博菲莊　*p38*
⓫ Chateau Gruard-Larose
　金玫瑰莊　*p49*

波爾多左岸—梅多克（南）地圖

梅多克（南）

酒莊位置

❶ Chateau Paveil de Luze 柏菲露絲莊　p52
❷ Chateau Lascombes 力士金莊　p48
❸ Chateau Rauzan-Segla 湖珊雪格莊　p44
❹ Chateau Palmer 寶馬莊　p42
❺ Chateau Kirwan 麒麟莊　p46

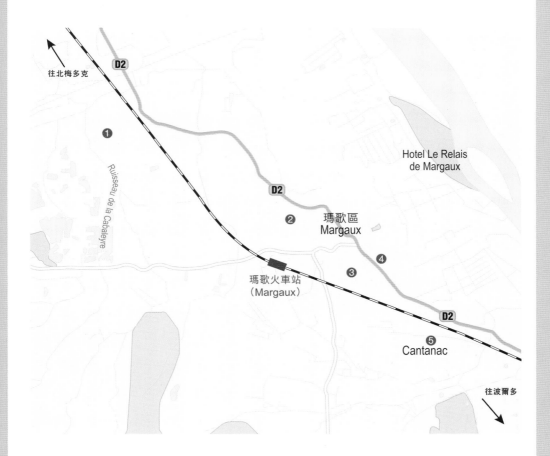

那個成就了拉菲的決定
一級莊巡禮

Lafite（拉菲）之於葡萄酒，相當於LV之於皮具一樣，已算是常識，不喝酒也知道這是尊貴品牌。不少人知道波爾多有幾個像Lafite般的一級莊，它怎樣贏得這個評級？不是因為最佳土地，沒有嚴格評分過程，卻是資本主義的體現：誰賣得最貴誰就是最好，以真金白銀投票錯不了！

適合類型
第一型 無酒不歡型

瑪歌酒堡宏偉得來帶婉約感，就像她的出品一樣。

這個特級莊園酒莊列表（Les Grands Crus Classes en 1855）在1855年訂立，自此幾乎沒改變過，百多年來世界各地的愛酒人都從這列表開始認識波爾多。要了解整個故事，讓我們回到十七世紀。

英國人一向熱愛優質波爾多，也是波爾多的主要買家。例如 Haut Brion（侯伯王）在十七世紀中在倫敦開設了餐廳並賣自己的酒，優越的質素加上推廣的優勢令酒莊聲名鵲起，在同期 Margaux（瑪歌）、Latour（拉圖）和 Lafite 分別都以突出質素贏得買家歡心，這四家最高價的酒莊被英國人喻為「一級酒莊」。到了十八世紀，再有一批酒莊突圍而出，不過他們賣不到四大酒莊的高價，所以被喻為「二級酒莊」。如是者三級、四級和五級酒莊陸續誕生。到了十九世紀初，這個不成文的分級制倒過來被波爾多業界廣泛參考，酒莊的分級每數年隨著價格改變而更新。

在1855年，拿破崙三世決定要辦一場贏過倫敦的世界博覽會，在葡萄酒的部份，拿破崙三世要求波爾多以最好的酒參展，波爾多商會為了方便大眾理解，就將那不成文的五個酒莊分級變成正式的呈現在大眾眼前，結果成了那個波爾多酒莊列表。有否留意到列表裡沒有右岸酒莊？說到貴怎可能沒有 Petrus（珀翠）、Cheval Blanc（白馬莊）？原來當時負責辦展覽的波爾多商會，管轄範圍只包括左岸！結果右岸酒就錯過了面向世界的機會。

這列表自此就成了不可侵犯的神聖，百多年來只有三個改動，最重要的當然是1973年 Mouton（武當）由二級升上一級的一次。事實上，武當在二十世紀為波爾多酒界帶來重大革新，光是這番建樹已值得升級。從前波爾多酒莊只管種葡萄，種好就將葡萄賣給酒商。較有規模和優質的酒莊會自己釀酒，但釀成酒以後也是一桶桶地賣給酒商，不會自己陳釀，當然也不會自己將酒灌瓶。但為了確保出品質素，在1924年，武當首先推行自家灌瓶，在1926年，更興建了長達100米的酒窖來將酒自行陳釀，這些都是劃

Chateau Mouton-Rothschild

✉ B.P. 117 – 33250 Pauillac

☎ +33（0）5 56 73 20 20

🕐 逢周一至周五。周末、公眾假期、8月份及採收期間不開放。需要預約。

🚗 駕車

🌐 http://www.chateau-mouton-rothschild.com

備註：最好提早3個月預約。

Chateau Margaux

✉ 33460 Margaux

☎ +33（0）5 57 88 83 83

🕐 逢周一至周五。周末、公眾假期、8月份及採收期間不開放。需要預約。

🚗 駕車、火車轉單車。距離 Margaux 火車站2.5公里。

🌐 http://www.chateau-margaux.com/en/contact#

備註：最好提早3個月預約。

Chateau Haut-Brion

✉ 135, Avenue Jean Jaures, 33608 Pessac Cedex

☎ +33（0）5 56 00 29 30

🚗 駕車

🌐 http://www.haut-brion.com/#/the-chateau/visit-request

備註：最好提早3個月預約。

武當酒莊的 Philippe Dhalluin 先生招呼我品試旗下各酒莊當年出品。留意到那壁燈嗎？也是綿羊造形！

時代的新意念，並使酒質大大提升。既然自家灌瓶就自然有自家酒瓶和酒標，到了二戰後，當時的莊主為紀念勝利，就邀請了藝術家繪畫了一個特別版酒標，結果就開啟了年年換酒標的先例。這一切都令武當越來越受歡迎，酒價也相應上升，升級至一級莊武當可是當之無愧。武當有非常精彩的旅遊景點，例如一個收集羊型藝術品的博物館（Mouton 在法文裡是羊的意思），一個收集了部份酒標上藝術品和畫作的博物館和漂亮的花園等。可惜我之前到來時正值大裝修，但品酒時看見牆上的都是羊型壁燈呢！

Chateau Lafite Rothschild

33250 Pauillac

visites@lafite.com

備註：基本不會接待遊客。若你真的很想參選這酒莊，可試試讓相熟酒行為你安排（當然你平日要是個大客⋯⋯）又或者可把車子停在酒莊門口拍個照，這倒沒有人介意。

Chateau Latour

Saint-Lambert 33250 Pauillac

+33（0）5 56 73 19 80

備註：基本不會接待遊客。比拉菲更拒人千里。

特級莊園酒莊列表Les Grands Crus Classes en 1855

在這酒莊的裡列表，可留意到他們並不按字母排名先後？原來當這表在1855年訂定時是有先後之分，例如武當原本就是排在二級的首位。

梅多克列級酒莊

當年排名有分先後，今天卻連等級也不能反映實際地位。儘管如此，這個酒莊列表仍然非常有參考價值。

第一級

拉菲莊*	Chateau Lafite Rothschild
拉圖莊*	Chateau Latour
瑪歌莊*	Chateau Margaux
侯伯王莊*	Chateau Haut-Brion
武當莊*	Chateau Mouton Rothschild

第二級

湖珊雪格莊*	Chateau Rauzan-Segla
露仙歌莊	Chateau Rauzan-Gassies
雄獅莊*	Chateau Leoville Las Cases
巴頓莊*	Chateau Leoville Barton
波菲莊*	Chateau Leoville-Poyferre
度韋莊	Chateau Durfort-Vivens
金玫瑰莊*	Chateau Gruaud-Larose
力士金莊*	Chateau Lascombes
布萊恩·康特納莊	Chateau Brane-Cantenac
碧尚男爵莊*	Chateau Pichon Longueville Baron
碧尚女爵莊*	Chateau Pichon-Longueville Comtesse de Lalande
寶嘉龍莊	Chateau Ducru-Beaucaillou
愛士圖爾莊*	Chateau Cos d'Estournel
玫瑰莊	Chateau Montrose

第三級

麒麟莊*	Chateau Kirwan
迪仙莊	Chateau D'Issan
拉格喜莊	Chateau Lagrange
朗歌巴頓莊	Chateau Langoa Barton
美人魚莊	Chateau Giscours
馬利哥莊	Chateau Malescot Saint-Exupery
肯德布朗莊	Chateau Cantenac-Brown
貝卡塔納莊	Chateau Boyd-Cantenac
寶馬莊*	Chateau Palmer
拉拉貢莊	Chateau La Lagune
狄士美莊	Chateau Desmirail

凱隆世家莊	Chateau Calon Segur
費裡埃莊	Chateau Ferriere
碧加侯爵莊	Chateau Marquis d'Alesme Becker

第四級

聖皮爾莊	Chateau Saint-Pierre
太保莊	Chateau Talbot
周伯通莊	Chateau Branaire-Ducru
都夏美隆莊	Chateau Duhart-Milon-Rothschild
寶爵莊	Chateau Pouget
拉圖嘉利莊	Chateau La Tour Carnet
拉科魯錫莊	Chateau Lafon-Rochet
龍船莊*	Chateau Beychevelle
荔仙莊	Chateau Prieure-Lichine
德達侯爵莊	Chateau Marquis de Terme

第五級

龐特卡奈莊	Chateau Pontet-Canet
巴特利莊	Chateau Batailley
奧巴特利莊	Chateau Haut-Batailley
拉古斯莊	Chateau Grand-Puy-Lacoste
杜卡斯莊	Chateau Grand-Puy Ducasse
靚次伯莊*	Chateau Lynch-Bages
靚次摩斯莊	Chateau Lynch-Moussas
杜扎克莊	Chateau Dauzac
達瑪雅克莊	Chateau d'Armailhac
杜特莊	Chateau du Tertre
奧巴裡奇莊	Chateau Haut-Bages Liberal
百德詩歌莊	Chateau Pedesclaux
百家富莊	Chateau Belgrave
卡門薩克莊	Chateau Camensac
柯斯拉柏麗莊	Chateau Cos Labory
克拉米倫莊	Chateau Clerc Milon
歌碧莊	Chateau Croizet Bages
佳得美莊	Chateau Cantemerle

*本書有介紹的酒莊

Chateau Cos d'Estournel
愛士圖爾莊
大象莊的東方魔法

沿酒莊之路 D2 駛去，經過 Lafite 以後，遠遠就能看見一個宏偉的酒堡，上面裝飾著一大兩小的漂亮的塔尖，那表示你已離開了波雅克，來到位於聖埃斯塔菲 (Saint Estephe) 的愛士圖爾莊（又稱 Cos）。

細看之下，那個塔尖不像一般的城堡的金字塔型或圓錐型，卻是個充滿東方色彩的飛簷八角亭，每個角上吊著一個小鈴，大門前更站著兩隻不可能出現在歐洲的大象！來到酒莊，我當然不會放過追問的機會，原來這些裝飾，都反映著酒莊對這大象的老家——印度的感恩。印度？太風馬牛不相及了吧！

話說這個莊在1811年才成立，比其他波爾多名莊要晚一些，但僅用40多年的時間，她便成功在1855的酒莊分級裡擠身第二級，可見這個酒莊的實力。一開始酒莊跟英國人做生意，始終當時的英國是波爾多酒最忠實的支持者嘛！隨即又跟著英國人將酒賣到當時的英國殖民地印度。由法國至印度用船運需時6-8個月，在這期間船隻經過日曬雨淋，環境既不穩定，又比在酒窖裡熱得多。但在到達印度後，當時的人驚奇地發現酒變好喝了！結果在印度不單大受英國人歡迎，更成為印度大

在莊裡到處都能看見大象造型的雕塑和物件。

君的桌上酒。當發現了這個神奇魔法後，他立即把不少酒運出去「遊船河」，遊過船河的酒桶上刻有「R」字樣，這些圓潤了的酒極受人愛戴，追隨者包括英國維多利亞女王和俄國沙皇！為了紀念出口到印度的成功，當時的莊主在1830年建酒堡時，便仿照當時北印度一座皇宮的設計，造了這些飛簷八角亭。到底船上的魔法是甚麼一回事？原來當時的人釀酒只會做酒精發酵（alcoholic fermentation），而還未發明蘋果乳酸發酵（malolactic fermentation），而在船上炎熱的環境促成了後者，酒便沒那麼酸，味道變得溫柔圓潤。

酒莊的新酒窖在2008年才落成，不單漂亮得像個博物館，還帶有點點科幻感。一進入酒窖是一條長長的發光玻璃天橋，下面就是像等候檢閱般的橡木桶列陣。昏暗的環境裡由帶著神秘感的溫暖射燈指示著遊人的路，裡頭還有4架巨形玻璃電梯和由8隻大象石雕鎮守。全個酒窖只採用3種物料造成：不鏽鋼、木、玻璃。這個組合有點眼熟？設計意念正是來自不鏽鋼儲酒槽、橡木桶和酒瓶！也不能錯過酒堡附設的小賣店，賣的酒具精品都很實用有趣，更有限量版酒發售，完全能滿足粉絲們的收藏慾！

極富東方色彩的酒堡。

 小知識

蘋果乳酸發酵

蘋果酸天然地存在於葡萄裡，味道像酸澀的青蘋果，乳酸同樣是酸，但酸度較低，味道就像酸奶，帶奶油香之餘更富圓潤口感。所以不少紅酒也會進行這個轉化過程，讓酒變得豐滿而味道更討好。乳酸菌就是這轉化過程的功臣。當年的蘋果乳酸發酵是無心插柳，由大自然裡的乳酸菌引發。今天有些酒莊則會仔細計算乳酸菌種類和數量，來控制最後成品酒的味道。

Chateau Cos d'Estournel

33180 Saint-Estephe

+33 (0) 5 56 73 15 50

estournel@estournel.com

全年，逢星期一至五早上9-12時及下午2-5時，需要預約

參觀/品酒/商店

免費

駕車

www.estournel.com/cos

35

Chateau Lynch-Bages
萬千寵愛靚次伯
莊主叱咤波爾多

她的級別雖然有點低，但卻有絕佳觀眾緣，香港人叫她「靚次伯」、「窮人武當」，更將她列入「超二級 (super seconds)」的行列，地位超然當然因為好酒質，同時也包括了理想的營銷。

適合類型
第二型 美食探索型

靚次伯有今天的地位，很大程度要歸功於Jean-Michel Cazes——酒莊老莊主。他在70年代接掌酒莊時，就將釀酒設備現代化，是當地第一批現代化的酒莊，他又請來最好的釀酒師協助他提升酒的水準。

Jean-Michel 早在70年代已開始開放酒莊讓人參觀，當年酒莊普遍認為只要釀到好酒就是做好本份，讓遊客參觀只會阻礙酒莊運作。但 Jean-Michel 認為若愛酒人親眼看過那些籐、摸過那些橡木桶、甚至嚐過幾顆葡萄，那麼瓶子裡的酒就成了香濃又親切的故事，對酒莊只有莫大好處。Jean-Michel 是正確的，而且證明酒莊是梅多克區其中一個最有趣的參觀點，講解員都懂得以有趣的方式解說釀酒過程和酒莊歷史。當不少酒莊在收成期間謝絕參觀之際，他們卻建議你在採收季節來。「我們會讓剛做回採收回來的工人停在遊人前，讓遊人們好好地拍照！」旅客接待部經理David說。

在靚次伯莊遇上關公！因為莊主既喜愛東方美，也喜歡靚次伯這譯名。

Jean-Michel 又留意到波雅克區坐擁最多一級酒莊，但卻欠缺一流酒店和餐飲服務，於是就開設了一家高檔酒店連餐廳 Cordeillan-Bages，後來餐廳更獲得米芝蓮二星。這還不夠，在 2003 年他們還開了一個小巧別致的旅遊村 Bages Village，「那片土地原本是荒廢了的本地人村子。我曾想過把房子拆了，建一個新的儲酒間（vat room），直到圖則都畫好以後的那個晚上，我忽然覺得後悔，村子明明很有特色，於是將工程叫停。」Jean-Michel 笑説。今天靚次伯村裡面有馳名梅多克區的餐廳 Cafe Lavina，價錢合理而且相當好吃！另外有租自行車的店舖，有賣麵包和醬料雜貨的，有賣衣服的，相當多姿多彩，説實在這裡比波雅克區的鎮中心更有趣呢！

🏯	**Chateau Lynch-Bages**
✉	33250 Pauillac
☎	+33（0）556.732.400
@	http://www.lynchbages.com/en/press/contact/visit-inquiry
🕐	全年星期一至日，聖誕節及元旦除外，需要預約
👥	參觀／品酒／附設商店村（餐廳／紀念品／服裝店／麵包雜貨店／單車租賃）／附設高級酒店 Cordeillan Bages
💲	參觀及品酒 €9，10人以上小組每人 €7
🚗	1. 駕車；2. 火車：跟離酒莊約2公里，用單車則約10分鐘
www	www.lynchbages.com

備註：若想參加不同主題的品酒工作坊，可在預約參觀時詢問詳情。
Bages Village 購物村是全個波雅克區唯一提供單車租賃的地方，若想進行單車遊就不要錯過這裡。

更有趣的是他們仍保留了一個有縱橫交錯鐵軌的房間，原來是一個以礦井為設計藍本的葡萄收集室。只要將採收回來的葡萄傾倒到這些路軌上的大容器，容器就可以將葡萄運到適當的發酵槽上傾卸，這個房間本來就設在釀酒間的上一層。這個聰明而省力的裝置一直使用到1975年呢！

Pichon, Rauzan, Leoville
名有相似
背後的秘密

不少法國酒莊的名字都相當相似，光是二級酒莊，就有兩家 Pichon（Pichon Baron 碧尚男爵、Pichon Lalande 碧尚女爵），兩家 Rauzan（Rauzan-Segla 湖珊雪格和 Rauzan-Gassies 露仙歌），三家 Leoville（Leoville Las Cases 雄獅、Leoville Poyferre 龍博菲和 Leoville Barton 巴頓）！

　　若果查查他們的位置，會發現都是只隔一條馬路的事，難道這些酒莊都是經歷爭產風暴之後的大分裂？分家是分家，卻不一定經過風暴。

　　之前說過梅多克區自十七世紀才發展起來，一開始地又多又便宜，結果導致了酒界巨頭的出現。他們基於努力和眼光而購下龐大的莊園，但經過幾代的傳承後很自然地出現分裂——例如十七世原本在拉圖當經理的 Pierre de Rauzan 在瑪歌區買下偌大的 Rauzan 莊園，由打工仔變酒商，之後更因女兒嫁了給碧尚家（Pichon Longueville），而得到了碧尚莊園作嫁妝，成為了大酒商。而碧尚莊園傳到

Chateau Pichon-Longueville Baron

33250 Pauillac

+33 5 56 73 17 17

contact@pichonlongueville.com

全年，需要預約

參觀 / 品酒 / 音樂會

€9

駕車

www.pichonlongueville.com

碧尚女爵是少有開放讓遊客參觀酒堡內部的酒莊。

1850年，莊主將家產平分給兩個兒子和三個女兒，兒子一邊佔5份2，成了碧尚男爵莊，女兒佔餘下的，成了碧尚女爵莊，到了1855年，便雙雙被列為尊貴的二級莊。

當你開車由聖朱利安區進入波雅克區，這2個宏偉的碧尚酒堡就像夾道歡迎你一樣，右手邊的碧尚男爵酒堡相當好客，不單歡迎參觀，並設有不同價格的品酒套餐，在夏季，又與本地組織合作舉辦活動如音樂會等，有幸遇上的話一定要安排時間聽一場。

碧尚男爵的正對面就是碧尚女爵。梅多克區酒莊一般絕少開放酒堡，碧尚女爵卻難得地讓遊人一探這波爾多式大觀園。最讓人印象深刻的是每個小廳都裝飾著閃閃生輝的各式水晶吊燈，金碧輝煌的巨大鏡子反映著法式豪華，當然少不得酒莊家族先人的油畫，包括初分得酒莊的3個女兒的畫像。

除了碧尚系，雄獅系也是不少飲家心中的必遊酒莊（Leoville中的leo就是英文lion，即獅子）。這3家酒莊同樣聚在一起，特別是雄獅和龍博菲的建築物幾乎疊在一起。這3個酒莊的源頭是雄獅莊Leoville Las Cases，是梅多克區第一批出現的酒莊。在法國大革命以前，酒莊面積120公頃，是區內最大酒莊，但當時的莊主膝下空虛，只好將繼承權傳給4名姪兒。後來家族裡兄妹各行各路。今天3個酒莊屬於毫無關係的家庭，不過在參觀時，莊裡的人總會說說舊事。例如在參觀龍博菲時，介紹員也坦言自家酒窖跟雄獅的一座房子之間連一幅牆也沒有，建築風格也相似，常常有遊人將兩莊搞錯！

Chateau Pichon Longueville Comtesse de Lalande

✉ 33250 Pauillac

☎ +33（0）5 56 59 19 40

@ pichon@pichon-lalande.com

🕐 全年，需要預約

👥 參觀酒窖及酒堡／品酒

$ €8

🚗 駕車

www www.pichon-lalande.com

Chateau Leoville Poyferre

✉ Le Bourg, Saint-Julien-Beychevelle

☎ +33 5（0）56 59 08 30

@ lp@leoville-poyferre.fr

🕐 全年，需要預約

👥 參觀／品酒／午餐及晚餐／宴會／品舊年份酒

$ 參觀及品酒 €9

🚗 駕車

www www.leoville-poyferre.fr

碧尚男爵的經典酒堡造型幾乎成了波爾多的代表，在內地更有不少仿傚而建的酒堡。

Chateau Phelan Segur 飛龍世家
美食玩家

Phelan Segur 飛龍世家不單名字有氣勢，酒堡座落在聖埃斯塔菲的高點，以俯瞰的角度飽覽面前連綿起伏的花園草坪和加隆河，直有君臨天下的氣勢。「我們希望客人可以像到朋友家作客一樣愉快！」總經理 Veronique 説。

適合類型
第二型 美食探索型

「假如你想多了解釀酒技術這範疇，我們可安排釀酒主管帶你參觀釀酒設施，若想了解這個漂亮的酒莊，我或我的助手會親自帶客人看酒堡的客廳和庭園，並一起品酒。客人在採收期間來訪的話，更可體驗一下採葡萄的滋味，並跟採果員工一起吃我們特地準備的午餐。」

不過，最不能錯過的，是來這裡吃一頓飯，因為擁有這家酒堡的家族就是巴黎米芝蓮著名二星餐廳 Taillevent 的主人。Veronique 招待我的

是一道梅多克區招牌菜——烤牛排。不過背後做法非常講究，肉是最上等的肉眼牛排，他們更帶我到花園去看燒烤過程。為甚麼是花園而不是廚房？因為要以葡萄籐作柴生個大火（人家冬季修枝得來的籐，在法國以外學不來！），為牛排添加一點洋溢葡萄氣息的煙燻香，更少不得的是在牛排上塗上一顆顆指頭大小的牛骨髓油脂！在那酥香和煙燻香之間的氣味衝擊下，未喝酒也醉了。

🏠	**Chateau Phelan Segur**
✉	33180 Saint-Estephe France
☎	+33 (0) 5 56 59 74 00
@	phelan@phelansegur.com
🕐	全年，8月除外，需要預約
👤	參觀 / 品酒 / 餐飲 / 住宿
💲	參觀 €10 起，3 道菜的午餐 €110 起，住宿連 4 道菜晚餐及舊年份酒 €700（2人）
🚗	駕車
www	www.phelansegur.com

Chateau Palmer 寶馬莊
富豪的超二等珍藏

寶馬莊肯定是其中一個最為人熟悉的波爾多名莊。論級數她只是第三級，但論聲譽以至價格都數一數二。這酒莊能打動人心在於其難得的優雅風格，甚至可說透著陣陣知書識禮的風度。

　　這樣的一種酒可以有許多辦法欣賞，但若要殺死她？一份鰻魚三文治就夠了。

　　來自英國的 Palmer 將軍在約200年前酒莊買下後，千辛萬苦地邀請了好幾位食家出席了一場品酒晚宴。這優雅的酒令大伙都相當陶醉，當時最有名識飲識食的攝政王更將那微妙誘人的香氣譽為「寶馬神聖之吻（the holy Palmer's kiss）」。但這時一個與會食家卻想推介另一款酒給攝政王，最狡猾的是他更點了鰻魚三文治佐酒。鰻魚就像中國鹹魚般鹹，優雅的寶馬抵抗不了鹹腥味的衝擊，一下子就「死掉」。而另一款波爾多因添加了一些來自北隆河 Hermitage 區的 syrah 西拉葡萄，味道更醇厚有力，這樣的酒就壓得住鰻魚。結果攝政王宣布寶馬莊的酒不及格。這個故事告訴大家：一，寶馬莊自200年前起已是以優雅見長；二，食物配搭不當可將酒殺死！

寶馬莊的酒堡那一絲不苟的花園園藝都叫人印象深刻。別出心裁的園藝師將矮樹修剪成各色動物，充滿童趣！

世事就這樣難料，這曾讓寶馬在攝政王面前出醜的 Hermitage 酒款，在近年竟成為寶馬掀起收藏風的契機！話説現在酒莊的話事人 Thomas Duroux 在 05 年到三藩市公幹，在午餐時偶遇一位素未謀面的寶馬收藏家，因聊得投契，二人就到收藏家家裡繼續喝。這位先生一來就開了三瓶寶馬，讓他矇瓶來試。Thomas 試出是老酒，但年份都猜錯了，因為三瓶都老得超出他想像，竟分別是 1928、1921 和 1869！ 1869 是 Thomas 嚐過最老的寶馬，「就像喝著雲一樣，完美的絲滑感！」這酒的特別之處正是混入了來自北隆河一帶的 Syrah，這是當時波爾多酒莊釀酒的潮流。結果成就了自 04 年起推出的「XIX century edition（19世紀版）」。這酒調了 10% 來自北隆河的西拉，口味特別豐盈可口。但由於混了別區的葡萄，根據產區生產條例不能列明出產於波爾多，卻只是法國最低的葡萄酒級別 Vin de Table。但你敢説這就是低檔次嗎？

寶馬莊在 2012 年才剛完成翻新，參觀者可看到設計時尚的最新品酒室。除了新的部份，還有那個由數幢雅緻小平房組成的寶馬村，橄欖綠色的屋頂及大麻石砌成的牆壁樸素漂亮，今天其中幾幢小屋仍有酒莊員工及家屬居住。

Chateau Palmer

33460 Margaux

+33 (0) 5 57 88 72 72

www.chateau-palmer.com/contact.php

全年星期一至五，假期除外，需要預約

參觀/品酒

免費參觀及品酒，最多一組12人一同參觀

1. 駕車；2. 火車：火車到 Margaux 站步行12分鐘

www.chateau-palmer.com

在參觀完整個酒莊以後，就在這大門上的小樓裡品酒。

Chateau Rauzan Segla
湖珊雪格莊
香奈兒式的優雅

不少人都知道奢侈品品牌路威酩軒集團旗下有不少著名酒莊，而其實另一奢侈品牌香奈兒家族也相當愛酒，更在1994年購下了位於瑪歌區的二級酒莊湖珊雪格。

適合類型
第一型 無酒不歡型

　　要知道在1855的排名裡原本有分先後，湖珊雪格莊曾經是二級莊第二名（當時二級莊第一名是武當），可見在百多年前酒莊的地位是如何崇高。在1993年，Chanel家族原本的目標是拉圖，可是最後爭輸了，但還是重金禮聘了拉圖的總經理 John Kolasa 來為湖珊雪格莊進行大改造。

　　在酒莊的等待大廳裡，當眼處就掛了兩幅香奈兒的手繪海報，不過總經理 John Kolasa 跟我說，其實香奈兒近年才「承認」這孩子！因為香奈兒家族剛買下酒莊時，酒莊無論在設備上、採收做法上和葡萄籐的情況都不及格。John 剛接手後不單更新釀酒設備，並重新種植葡萄籐至適當的密度，「只要葡萄種得好，後期在釀酒部份就不用太費心了。」這是真正信任風土的傳統釀酒法。不過若不大搞科技，就不能極速提升酒質，結果真如 John 所説，「花上一代人的努力」，才成為現在的理想樣子。在酒莊350周年的2011年，香奈兒終於滿意了，更讓創作總監 Karl Lagerfeld 為剛裝瓶的2009年繪畫酒標，並帶來眾多貴客從巴黎到酒莊參觀。

老酒的堅持

　　波爾多酒一般都果香較重，口感圓潤，不過若你品嚐的湖珊雪格莊生產於近十年，口感大概就偏瘦削、內歛，「我們現在喝前人釀的酒，若我現在釀的酒現在就可以喝，是很自私的事。」John 認真地説。酒若要陳年，須有好的結構、細密的單寧、理想的酸度等才是陳年的條件，相對來説年輕時就不太好喝。

Chateau Rauzan Segla

Rue Alexis Millardet, 33460 Margaux

+33(0) 5 57 88 82 10

contact@rauzan-segla.com

全年，需要預約

參觀 / 品酒

免費參觀及品酒

1. 駕車；2. 火車：Margaux 站步行 1 公里

http://www.rauzan-segla.com

在等候大廳裡，有不少屬於香奈兒的擺設，我最喜歡這張由老佛爺設計的海報。

當不少酒莊不惜工本以最先進的科技釀酒，例如使用可以將較小粒、有點青的葡萄剔出的「光學選果機」時，但這酒莊短期裡都不會採用，「人生也由很多不完美構成的對吧！」導賞的 Sylvie 繼續解釋酒莊的釀酒哲學，「傳統釀酒人在葡萄籽達至成熟就採集葡萄，但現在不少酒莊也傾向在過度成熟時才採集，這樣會令果香較重，但犧牲了清新的酸度；但為甚麼我們要盲從現代風格的酒？」所謂現代風格，也就是新世界圓潤甜熟木味厚重的那個類型；要喝那個還不容易嗎？但沒有那個，國際酒評人給予的分數可能就偏低，避免現代風格可是個代價高昂的堅持。但捱過一代人的努力，她做到了！

Chateau Kirwan 麒麟莊
舉足輕重的酒商地位

大部份酒莊的大宅都矗立於大閘後，有種豪氣逼人的氣勢，而在 1855 酒莊排名裡位列三級的麒麟莊則是錯落有致的建築群，大閘後左手面是高貴的接待大樓，右邊則是嬌媚的英式花園，近處是數層樓高的大樹，遠處是矮矮的葡萄園，尊貴中帶著有品味的閒適感。

適合類型
第三型 文化藝術型

麒麟莊由來自德國的 Schyler 家族所持有，這家族在十八世紀已來到波爾多經營酒商 (negociant) 生意，後來在二十世紀購下麒麟莊，才兼營酒莊。

從前酒莊只負責種葡萄，即使同時釀酒，也不會陳年，是由酒商購入葡萄汁或成品酒自行釀造、陳年和調配，因此酒商本身的信譽也很重要。Schyler 一直是很有名氣的酒商，從前很多大酒莊包括瑪歌也與他們合作。到了二十世紀，自武當開了自行陳釀和將酒入瓶的先河，酒商逐漸變成主力負責貿易的地位，例如負責每年的「酒花」銷售這個波爾多葡萄酒貿易的重頭戲。

在麒麟莊的銷售大廳裡，保留了些數百年前的帳簿，那些龍飛鳳舞的墨水筆跡吐露著另一個世代的繁華，導賞員也會詳細講解家族酒商的歷史。

酒莊更參與了波爾多旅遊局的「瑪歌一天遊 (A Gourmet Trail in Margaux)」，在這個活動裡，波爾多旅遊局會一次過帶遊客參觀四個瑪歌區酒莊，各酒莊分別介紹該區的文化歷史、風土地理、釀酒技術，而麒麟莊就主力介紹酒商的歷史和作用。假如想要特色活動，例如想體驗當釀酒師的滋味，將梅洛和赤霞珠等原酒親手調配，或想在酒莊享用一頓精緻午餐，配上已陳年成熟的 70 或 80 年代酒，只要向酒莊預約就可辦妥！

令人覺得心曠神怡的金黃葡萄園。（攝於十一月中）

莊主 Nathalie Schyler 女士全力推動酒莊旅遊,令參觀麒麟莊的旅程特別有趣。

Chateau Kirwan

33460 Cantenac

+33 (0) 5 57 88 71 00

mail@chateau-kirwan.com

或直接在網站預約:chateau-kirwan.com/oenotourisme/uk/contact.php;5月至10月周一至周六,11月至4月周一至周五,參觀團固定於每日下午4時出發,7月至8月額外多一個參觀團固定於11時出發。若參加參觀團不用預約。需要其他服務或其他時間參觀需要預約。

參觀/品酒/品酒工作坊/午餐/晚餐

參團遊 €8,其他服務需向酒莊查詢。

駕車;火車:跟火車站約3公里

http://chateau-kirwan.com

 小知識

 酒花小知識

說到波爾多葡萄酒貿易,不得不談「酒花」銷售。波爾多紅酒一般在收成後要花2年多的時間去釀造和窖藏才上市,但酒莊需要資金繼續營運,因此絕大部份波爾多酒莊在收成後半年,都會以酒花合約方式,以較便宜的價錢,售出70-95%的酒予酒商,酒商再轉售至世界各地。

一旦酒莊與酒商建立了關係,酒商不論當年是否景氣,都會跟酒莊購入數量相若的酒,酒莊無論如何都不用擔心酒的出路,這是波爾多式商業道義;但因此酒莊也不可以自行賣酒,以免與酒商進行競爭。

近年酒價越賣越高,但由於酒商壓住酒花價錢,酒莊本身受惠不了升市,錢都是中間人所賺的,使部份酒莊感到不滿。

Chateau Lascombes 力士金莊
身價倍翻的秘密

一次我跟一個在南隆河的酒商閒聊，談起波爾多，他劈頭就說：他們都是英國人！（法人對英人的偏見，認為他們只談生意不談人情。）

事實上自古以來在英國人追捧下，的確令波爾多酒身價倍升，以至各地商人也來參一腳，在酒莊的名字裡，有愛爾蘭文、德文或荷蘭文的姓氏，難怪令這裡變成只談生意的國度。

波爾多的買家不乏將釀酒當興趣的富豪，也有投資者。他們不懂釀酒，卻有錢投資，因此酒莊會添置最新型釀酒機械，也熱衷邀請明星釀酒顧問坐陣，釀酒變成一場裝備競賽。

這裡的酒莊經常易手，二級名莊就是個比較極端的例子。在十八世紀由姓 Lascombes 的莊主創立，到法國大革命後，酒莊在五十年內易手達三次，不過在 1855 年的分級裡，酒莊仍站穩在二級莊的位置。接著再易手多次，直到二次大戰時，酒莊質素已變得很差。戰後先後由一個美國財團和一家英國啤酒廠，到 2001 年再轉手至一家美國退休基金。

退休基金希望酒莊能升值，所以先將釀酒設施大幅翻新，並置了昂貴的可轉動木桶架，使桶裡的酵母殘渣翻滾，酒味就更渾厚，酒窖變得簇新整潔，更裝了讓人一見難忘的彩藍色燈飾。整個酒莊只剩下那座畫了在酒標上、爬滿藤蔓的浪漫酒堡是舊的。除了硬件，酒莊更邀來重量級釀酒顧問 Michel Rolland 幫忙，結果出品在 Robert Parker 手上拿得越來越高的分數。投入這樣大的人力物力划算嗎？01 年酒莊以 6,700 萬美金易手，在十年的努力後，基金成功以 2 億歐羅將酒莊賣出！這就是波爾多的商人邏輯。

力士金的酒堡與酒標上的看起來一模一樣。

Chateau Lascombes

1 Cours de Verdun, 33460 Margaux

+33（0）5 57 88 70 66

contact@chateau-lascombes.fr

全年，需要預約

參觀 / 品酒 / 宴會 / 午餐或晚餐

參觀 €8 起

1. 駕車；2. 火車：距 Margaux 站約 1 公里

www.chateau-lascombes.com

Chateau Gruard Larose
金玫瑰莊與柏楊樹
沒有歷史的土地

法國酒農，總會自豪地說自己的土地有多漫長的歷史。如北隆河二千多年前就有古羅馬人種葡萄，布根地在一千多年前已有修士們選好田；但在梅多克，人們卻鮮有談到歷史。

適合類型
第一型 無酒不歡型

為甚麼？因為在十六世紀前，這區大部份土地還在水底下長著水藻！將那些水底下的窪地能解放出來的，竟是經有點不相干的荷蘭人。原來荷蘭人常常要與氾濫搏鬥，因此擁有發達的窪地排水技術，而因為他們愛波爾多酒，能開墾新土地，對他們也有好處。

位於聖朱利安區的二級莊金玫瑰酒莊，有不少地同樣曾經是淺水地帶和沖積平原，地上布滿像河底的石卵石塊。石卵特性是在日間加熱後，晚上可以緩慢地釋放熱力，暖和的環境讓晚熟的赤霞珠順利成熟，例如右岸就因為沒有這些河床石卵，所以很少種赤霞珠。

在我參觀時，接待經理梅麗莎先帶我爬上那建於1740年的塔樓，眼前的開闊的梅多克區風景，遠處就是一排排柏楊樹和加隆河河口，「那邊因為太低窪種不了葡萄，才會種樹！好處是可以充當海綿的作用，將多餘的水份吸走，令周圍的地更適合種葡萄。樹還會定期砍下來，賣給金文拔芝士廠做起司木盒用。」梅麗莎說，金玫瑰面積達120公頃，但其中有30公頃種的卻是白楊樹！不過能用來做金文拔盒，都算地盡其用了。

Chateau Gruard Larose

33250 Saint Julien-Beychevelle

+33 (0) 5 56 73 15 20

maisa.mansion@gruaud-larose.com

全年，需要預約

參觀/品酒/品酒工作坊/採收體驗

品酒及參觀，€8起，品酒並品嚐不同芝士，€19起。

駕車

http://www.gruaud-larose.com

那個像發射塔般的東西，你道是甚麼？竟是打散天上冰雹的儀器。波爾多的科技確實先進。

 小知識

荷蘭人對波爾多的建樹

除了開發土地，荷蘭人還發明了一種沿用至今的防腐方法。十六世紀時的波爾多因浸皮和發酵時間較短，酒體輕盈，較容易變壞。但荷蘭人要花長時間航程將酒運到世界各地的殖民地，結果他們發明以二氧化硫燻木桶來殺菌，酒才可以順利出口。

Chateau Beychevelle 龍船莊
波爾多的凡爾賽

因為波爾多左岸列級酒莊多年沒有更新，造就了「超二級」這個新等級，出品質素穩定、備受飲家愛戴的龍船莊自然也在超二級的行列。

假如你來到這裡參觀，你會多一個愛上她的理由——那「U」型的酒堡龐大而宏偉，還有那連綿地伸廷到加隆河的草坪和花園，直讓人有置身凡爾賽宮的錯覺！難怪導遊說不少法國人特地跑來這裡拍婚紗相。

遊客總喜愛與酒堡前的龍船雕塑拍照，那也是酒莊的徽章。酒莊就在河的旁邊，畫條船在上面可以理解，但到底是誰一開始想到要在船頭畫上一隻有點像龍頭的神獸？原來在希臘神話中，酒神戴奧尼悉的私家酒杯就是由一隻半獅半鷲的動物看守。

酒標上那個下了一半的帆也是特色之一，有人說那是因為十六世紀時，酒莊曾為一位很有威望的公爵所擁有，因此經過的船隻都要向酒莊下半帆以示敬禮。事實上 Beychevelle 不單是酒莊的名字，同時也是村莊 Saint Julien-Beychevelle 的名字。這名字來自古老的本地方言「baisse voile」，意思就是「把帆降下」。究竟是公爵先居於這裡，還是先有這個地名？無論如何，酒標裡的船都要下半帆了。

一望無際的偌大庭園讓人聯想到凡爾賽宮。

🏛 **Chateau Beychevelle**	@ mdv@beychevelle.com	💲 參觀免費/品酒 €9
✉ 33250 Saint-Julien-Beychevelle	🕐 全年，參觀不品酒毋須預約，品酒要先預約	駕車
📞 +33 (0) 5 56 73 20 70	👥 參觀/品酒	www.beychevelle.com

Cru Bourgeois
平易近人的中級酒莊

列級酒莊列表自1855年至今沒有變過，當然不變的分級表也有很好的指標作用，但若每年重新評估，那豈不是飲家之福？他們就是一班「中級酒莊」。要加入成為中級酒莊首先必需位於梅多克區的8大法定產區，每年要被評選委員會審視酒莊狀態，出品更要通過懷瓶試酒測試，合格才能維持這個招牌。中級酒莊未必擁有宏偉的酒堡，但也有數百年歷史的大宅，更開放讓人參觀甚至住宿。以下是我覺得最賓至如歸的5個酒莊。

Chateau La Haye
海牙堡

比利時莊主卡頓 Chris Cardon 是個跨國藥廠老闆，購買這個位於聖埃斯塔菲的18公頃酒莊只為興趣。莊主本身愛飲酒，在2006年他首度參加波爾多知名的馬拉松賽，之後的幾年他都回來波爾多。

適合類型
第四型 蜜月浪漫型

對波爾多的熱情使他後來購入了海牙堡，這距離拉菲僅1.5公里的酒莊。莊主不單邀請了同時服務拉菲、拉圖、多個列級酒莊的釀酒顧問 Eric Boissenot 擔任顧問，又像大酒莊般將不同田地的產出放進不同的木桶，以做到最細緻的調配，更大幅降低產量，令酒味更濃、酒質更好。

海牙堡擁有一幢百多年歷史的大宅，現在改成遊客中心，除了可以在大廳裡試酒，在大宅正門後有一道暗門，穿過窄窄的旋轉樓梯別有洞天，原來是一個點著暗淡燈泡的酒窖！在這裡試酒當然別有一番風味。大宅更提供少量住宿，簡約的房間布置根本就是電影裡十九世紀歐洲的模樣。若想住得更豪華，就一定要預訂莊主的另一酒莊 Bellevelle，是一個擁有大花園和私人泳池的大宅，室內更有不少拍賣會級古董。

Chateau La Haye

1 Rue de Saint-Affrique, Leyssac, 33180 Saint-Estephe

+33 (0) 5 56 59 32 18

info@chateaulahaye.com

全年，參觀及品酒不需預約，若有特別要求可電郵查詢

參觀/品酒/住宿

參觀及品酒免費

駕車

ww.chateaulahaye.com/EN

Chateau Real
雷爾堡

要上法國大餐廳易，要獲邀到一個法國人家裡晚飯難。而在 Chateau Real 附設的花園大宅住宿裡，主人會以法國人家常禮數當你朋友一般招呼，讓你有一個難忘的晚上！法國人吃晚飯一開始並不會走近飯桌，可能在客廳或在花園來個小酒會，先吃點小吃喝點香檳，讓主客愉快地談談天。

適合類型
第四型 蜜月浪漫型

我到訪時是一個夏日的晚上，在花園喝過冰鎮汽酒和吃過橄欖後，就是用餐時間。主人太太的手藝超好，頭盤龍蝦慕斯口感嫩滑味道鮮甜，主菜的汁煮咖喱雞是整盤上桌再大家分食，很有家庭風味。席上當然有 Real 不同年份的酒與食物配搭，優雅的酒與食物相得益彰。一邊吃飯時，主人一邊說起客人們手中餐具的歷史，原來都是代代相傳的家傳之寶！而掛在牆上的油畫都是祖先的畫像，曾試過有歷史系教授在這裡下榻，並一眼從畫框裝飾以及畫中人服飾判斷到那是甚麼年代的畫作。這是名副其實一個可住宿的博物館！在這裡住宿的客人當然會獲招待到 Chateau Real 的酒莊參觀。

🏯	**Chateau Real**
@	Real-en-medoc@wanadoo.fr
🕐	全年，需要預約
👤	品酒 / 參觀 / 住宿 / 晚餐
💲	住宿每個房間 € 82（2人房），晚餐每人 € 31
🚗	駕車
www	www.real-en-medoc.com

Chateau Paveil de Luze
柏菲露絲莊

酒莊座落於梅多克的優越地段瑪歌村，並且早於十七世紀就創立，現任莊主法蘭迪克同時是波爾多大酒商 LD 美酒的創辦人之一，因此既了解質素的重要，同時有財力為釀酒設施做適當翻新，並邀得為多個聖愛美濃區名莊擔任釀酒顧問的 Stephane Derenoncourt 為酒莊坐陣。

適合類型
第四型 蜜月浪漫型

柏菲露絲的酒以溫柔帶誘人花香見稱，原來酒莊也以溫柔的心去對待土地，盡量避免使用農藥，更會將釀酒時所產生的污水處理過才排出。若你跟酒莊預約，不單可參觀漂亮而低調的酒莊大宅，更可安排你到田裡走走，吸幾口來自健康葡萄藤的清新好氣息。

🏯	**Chateau Paveil de Luze**
@	contact@chateaupaveildeluze.com
🕐	全年，需要預約
👤	參觀 / 品酒 / 宴會
💲	參觀及品酒免費
🚗	駕車
www	www.chateaupaveildeluze.com

Chateau Castera
卡斯特古堡

這個位於聖埃斯塔菲以北的古堡在未更改分級前也位列優等莊，是梅多克區最老的酒堡，建於十四世紀，那白色大石建成的酒堡富有歲月沉澱下來的莊嚴感，從前富有人家總會在家裡另外搭建一座私人小教堂作家族禮拜之用，在這裡就有這樣的一座。

適合類型
第三型 文化藝術型

在接待大堂裡，酒莊放了不少古代用的耕作用具，例如一台在收成後運葡萄用的木頭車和一些巨形木桶，但論到最有拍照價值，就一定要讓莊裡的人帶你去看那兩個來自慈善拍賣場、由樹齡400年的老橡樹所製成的超老橡木桶！木桶裡放了2010年度收成的酒，一個世紀好年，而光是這個木桶就值2000歐羅，你能想像在這酒桶裡陳釀的特別版值多少錢嗎？更特別的是這裡有專為小孩提供的活動，即使一家大小同來也不怕悶壞孩子。

🏰	**Chateau Castera**
@	http://www.chateau-castera.fr/index.php?p=7&l=EN
🕐	全年星期一至五不需約，6-8月份可預約星期六參觀
👥	參觀及品酒
💲	成人參觀及品酒 €5，小童免費
🚗	駕車
www	www.chateau-castera.fr

Chateau Rollan de By
羅蘭德拜莊

這個酒莊距離貴重酒區如波雅克稍微遠一點，卻接近景色優美的加隆河河口。你若想以一個非常合理的價錢，在一個充滿古董和十八世紀油畫的歐洲風格酒店裡住上幾晚，這裡會是你的選擇。

適合類型
第四型 蜜月浪漫型

酒店設計富品味，因為酒莊莊主本身是個室內設計大師，因愛飲酒而在80年代末買了2公頃地玩玩，現在卻成了200公頃巨型莊園的莊主！酒的風格以果香豐富帶以澎湃的口感見長，因為他們用上百分百的新橡木桶去陳釀，所以有這硬朗的風格。無論是否住在這酒店，也可到這個曾位列優等的酒莊參觀。由於每年生產超過100萬瓶酒，這裡的釀酒設施可用宏偉來形容，釀酒槽排得一望無際，木桶陣容也比別處更有氣勢。

🏰	**Chateau Rollan de By**
@	infos@rollandeby.com
🕐	全年，需要預約
👥	參觀／品酒／附設酒店
💲	住客免費參觀及品酒，客房 €150（2人房）
🚗	駕車
www	www.rollandeby.com

Grave 格拉夫

Grave（格拉夫）/ Pessac-Leognon（碧莎雷奧良區）的酒在今天可能不及梅多克區的有名，但其實這裡在十二世紀已享負造酒盛名，梅多克區要到十七世紀抽乾沼澤地後才開始百花齊放。這區比梅多克區更強的地方，就是白酒，而且性價比好多了！多得 Robert Parker，不斷為這區的出品給出 100 分，令這區變成波爾多「新貴」。

線上地圖

格拉夫

在波爾多市中心的地標噴泉。

Chateau Smith Haut Lafitte
史密斯歐拉菲莊
做葡萄籽Spa　喝100分美酒

說到葡萄酒 Spa，在我腦海裡立即出現了酒池肉林的奢華畫面！在史密斯歐拉菲莊莊的同系酒店 Le Source de Caudalie 裡，水療間正中央是個注滿地下泉水的水池，以葡萄皮和籽為主的水療浴泥滲著天然的芳香，享受著溫軟 Spa 的我，還以為自己在瑤池仙境！若你想要度過一個難忘而溫馨的葡萄酒假期，就一定不能錯過這個美好的地方。

適合類型
第四型　蜜月浪漫型

相信大家都有聽說過葡萄酒有助抗衰老，到底這是否只是酒鬼的借口？一半一半吧。真的一半是紅酒裡真含有很多對身體有益的葡萄多酚，但在白酒卻沒幾多多酚。很概括來說，每100毫升紅酒含 200 多微克多酚，白酒只含不足 40 微克！為甚麼會有這麼大的差異？那關乎著釀酒過程的差異。能抗衰老的多酚主要就集中在葡萄皮和葡萄籽裡，在釀紅酒時，為了得到單寧、顏色和香氣等，葡萄在榨汁以後需要經過一個將汁、皮、籽一起浸泡的過程（maceration），期間各種多酚都泡出來了。但絕大部份白酒因為不用色素

也不要單寧，所以不必浸皮，在榨汁後便只要果汁去發酵。

但那些被棄掉的白葡萄皮和籽仍含有很多抗氧化物，吃不著的多酚拿塗也不錯啊！這就是護膚品牌 Caudalie 的精髓。在 Spa 裡，他們將白葡萄的皮和籽，混合橄欖油和砂糖作按摩浴泥，在按摩師專業的排毒手法和葡萄皮的淡淡天然香氣下，在按摩的中途禁不住睡著了，肌膚在接下來的幾天會更有彈性及水潤。而 Caudalie 的產品我一試就愛上了，讓我用得放心又高興的是它完全不經動物測試！

在浪漫的水療酒店裡，葡萄種植仍然是主題。

你可能會想，搞這許多綽頭和副業，這酒莊到底是否能釀好酒？假如你喜歡 Robert Parker 口味的話，那答案一定「是」，因為在 09 年酒莊正牌的紅酒得到派克打 100 分這個完美分數。酒莊本身屬於格拉夫區的列級酒莊，不過像很多名莊一樣曾「家道中落」，直至 1990 年經營超市出身的 Cathiard 家族購下了酒莊，不惜投入大量人力物力重建酒莊的品質和名聲，他們邀請了現在成了好友的 Michel Rolland 米歇爾羅蘭當釀酒顧問，用了不少新科技去追逐最好，例如出動衛星高空攝影技術去準確地測出每片地的土壤成份，更不惜工本自己製造橡木桶——很少酒莊自製木桶，讓你進入木桶工作坊的更絕無僅有，相當值得參觀呢！

Chateau Smith Haut Lafitte

33650 Bordeaux Martillac, France

Tel. +33 (05) 5 57 83 11 22

visites@smith-haut-lafitte.com

全年，包括星期六及日。需要預約。

參觀/品酒/附設水療酒店

參觀及品酒 €8.5 起。有多種參觀套餐，可參考酒莊網頁。

駕車

http://www.smith-haut-lafitte.com

這隻不是會吃掉葡萄嫩牙的兔子，卻是對農田有益的野兔。酒莊以牠做吉祥物，酒莊門前更有野兔的巨型雕像。

酒莊自製的木桶。

🍇 小知識

∾ 葡萄多酚到底是甚麼？ ∾

多酚（Polyphenol）是一個大家庭，下面有幾百種化合物，在紅酒裡能找到的，不少名字一看就有點眼熟，例如花青素、兒茶素、白藜蘆醇的，竟都是在保健食品和美容保養品裡常見的有效成份。例如主要在葡萄皮的花青素能改善血管健康、對眼睛好，另一種在皮裡找到的好東西白藜蘆醇能治療炎症如關節炎，還能改善新陳代謝，在皮裡和籽裡也有不少的兒茶素則能抗病毒和抑制血糖上升，而且以上各種基本上都能抑制自由基，亦即抗氧化，並且有防癌功效。難怪不少法國老釀酒師還活力十足！

Chateau Pape Clement
克萊蒙教皇堡

格拉夫地區擁有波爾多最長的葡萄酒釀造歷史，而 Pape Clement 應該是歷史最悠久的一個酒堡。法國一直是個天主教國家，但來到十四世紀初才出現第一個教皇。Bertrand de Goth 生於波爾多，原本是本區的大主教。

適合類型
第四型 蜜月浪漫型

　　人人都知道他熱愛葡萄酒，所以就將這葡萄園送了給他，後來 Goth 獲委任為教皇，易名為 Clement V（克萊蒙五世），這個屬於他的莊園就改名為克萊蒙教皇堡。這個教皇在波爾多種葡萄還不夠，當他到法國南部阿維儂就職時，更在旁邊的一個小鎮興建夏宮，還大肆種葡萄，結果這就成為另一個火熱的酒區「教皇新堡（Chateauneuf-du-Pape）」，在往後的隆河谷篇章裡會有這個酒區的詳細介紹。

　　自從教皇離開後，這個莊園仍欣欣向榮，因為教皇將當時最先進的葡萄種植和釀酒技術引進

了莊園，為莊園打好了基礎，據說將葡萄藤以排狀排列就是由教皇先生發明的，所以說在中世紀，教會對釀酒技術發展真有莫大貢獻！在之後的數百年裡，無論是在教會手上，或大革命後在商人手上，克萊蒙教皇堡一直是區內數一數二的酒莊，在十九世紀中，無論在酒價或各方面，酒莊地位僅次於侯伯王。不過後來酒莊因落入不善經營的人手上，經過了暗淡無光的數十年後，在二戰後才重拾光彩。在 1959 年的格拉夫特級酒莊列表上，克萊蒙教皇堡在紅酒和白酒類別都榜上有名。

這家酒莊的布置裝潢，可以說得上跟它的歷史一樣豐富和精彩，令我印象最深刻的是酒莊的酒窖，一進去好像進入了一座教堂或博物館，到處都是漂亮的彩色玻璃和油畫，莊嚴而炫目，令人不禁駐足細看，即使放置巨大釀酒桶的釀酒室，牆上也鑲了彩色玻璃。漂亮的酒堡罕有地開放予遊客下榻，寬闊的大理石樓梯、古董傢俱、絲綢窗簾、水晶吊燈，一切都讓人有置身十四世紀古堡的氣氛。在酒堡底下有一道暗門，放置了教皇克萊蒙五世石棺的複製品，加上詩班吟唱的播音，感覺陰森，幸好我在渡宿翌日才參觀這部份！酒莊的商店設有酒吧，在這裡可以同時品嚐和購買莊主擁有在各地酒莊的出品，更有波爾多本地特產發售，魚子醬和鴨肝醬也可以一網打盡。

Chateau Pape Clement

216 avenue du Docteur Nancel Penard - 33600 PESSAC

+33 (0) 5 57 26 38 34

chateau@pape-clement.com

全年，需要預約

參觀 / 品酒 / 宴會 / 餐飲 / 住宿 / 商店

參觀及品酒由 € 10-99，視乎參觀內容。酒堡提供 5 個房間，由 € 190-270。租用各宴會廳及餐飲費用請向酒莊旅遊代理查詢（contact@luxurywinetourism.fr）。

1. 駕車；2. 電車轉單車，距離 Pessac centre（B 線）電車站 1.7 公里

www.bernard-magrez.com/en/content/chatrau-pape-clement

備註：酒莊旅遊代理更提供多種豪華服務，包括勞斯萊斯汽車市內遊、私人飛機、按摩、哥爾夫球等服務，可向代理查詢：contact@luxurywinetourism.fr

只要提早預訂，就有機會入住這些像皇宮一樣的臥室。

Chateau Malartic Lagraviere
馬拉帝・歌唯酒莊
深入地底探索格拉夫

格拉夫區的名字 Grave 讓你聯想到甚麼？沒錯，就是碎石塊 gravel 了。這些泥土裡主要是碎石混合黏土，這種土壤疏水佳而貧瘠，使葡萄根部得鑽很深去吸收水和養份。

適合類型
第一型 無酒不歡型

　　若想一睹這種泥土的面貌，你就得來馬拉帝・歌唯。這家酒莊做了大規模翻新不久，穿過接待大廳，就是一條以燈光營造出優雅感覺的走廊，一面牆是玻璃隔著、十數米深的泥土橫切面，你可以看見分布平均的石塊，還有不少貝殼化石。

　　像許多區內酒莊一樣，馬拉帝也經歷了一段易手頻仍的低落時候，但這家酒莊同時進入格拉夫區紅酒和白酒也的列級分級，憑優秀的潛質曾獲大集團青睞，例如酒莊曾在香檳名莊羅蘭百悅旗下。現任莊主保尼家族來自比利時，原本經營的生意與酒業毫不相干，只因愛酒而購買酒莊。他們不惜大灑金錢投資，例如依著山勢，根據現時最流行的地心吸力理論去興建釀酒室。另外他們採用有機方法去做酒，努力豐富葡萄園內的生物多樣性，靠自然的生態平衡去減少蟲害，也不用化學肥料。保尼家族對做酒極有熱誠，到了 2005 年，更加入了酒莊釀酒顧問 Michel Rolland 的阿根廷釀酒項目 Clos de Los Siete，現在同時管理酒莊 Bodega DiamAndes，所以若參觀時酒莊讓你品試來自阿根廷的美酒，也不要感到奇怪！

🏛 **Chateau Malartic Lagraviere**

✉ 43, Avenue de Mont de Marsan BP7-33850 Leognan

📞 +33 (0) 5 56 64 75 80

@ malartic-lagraviere@malartic-lagraviere.com

🕐 全年，需要預約

👥 參觀／品酒／商店

🚗 駕車

www www.malartic-lagraviere.com

在漫長歷史裡屹立不倒的一座格拉夫酒莊。

Chateau Haut-Bailly & Chateau Carbonnieux
歐拜伊莊和卡本諾莊
紅白雙子酒莊遊

波爾多紅酒一支獨秀，只有在格拉夫區能做到紅白兼善，所以在1959年的格拉夫特級酒莊列表裡，也分成紅酒特級酒莊和白酒特級酒莊2組。這裡出產的白酒不單為飲家所追捧，售價更不輸紅酒。

卡本內莊的部份老爺車珍藏。

只有6家酒莊同時擠身紅酒和白酒列級酒莊的榮譽，Carbonnieux（卡本諾莊）就是其中之一。酒莊古雅的城堡牆身爬滿葡萄藤，細看之下覺得與別的酒堡不太一樣，原來那最老部份在十四世紀英法百年戰爭期間興建，若你熟悉建築可認出具當時建築特色的細部。中庭是修剪得美侖美奐的大花槽，最特別的是大閘旁邊有個大廳展覽著不少法國老爺車，最老的在1904年出廠！看它們保養得相當好的模樣，似乎隨時就可以發動。

酒莊在十四世紀創立，是波爾多歷史最悠久的酒莊之一，紅白酒出產比例是一半一半。但從前酒莊的白酒很有名，在十八世紀時，格拉夫區最貴的紅酒是候伯王，而最貴的白酒就是卡本諾。Perrin家族在1956年購入酒莊，在花了大量資金重種葡萄藤和購置設備後，葡萄園擴張了幾倍至92公頃的規模，在優厚的風土條件下，又重新生產出好酒。

毗鄰Carbonnieux的，就是以紅酒知名的Haut-Bailly（歐拜依）。酒莊位列格拉夫特級酒莊的紅酒組別，在2009年其紅酒更獲Robert Parker給予98+的極高分。在十九世紀，Haut-Bailly曾非常風光，售價一度追上包括拉菲等4家一級莊（當時武當還是二級）！酒莊在1998年被美國銀行家Robert G. Wilmers收購了以後，就投入了大量資金作翻新，由葡萄園至酒窖無所不包，令酒質重振聲威。假如你是Haut-Bailly粉絲，參觀後不能錯過酒莊商店，酒杯、開瓶器，所有莊裡日用酒具都能買到！他們更聘用了米芝蓮廚師，讓參觀者在優雅的酒堡或接待大廳裡品嚐酒宴。

兩個酒莊當然可以分別拜訪，但兩個酒莊家族非常友好，因此在閒談間成就了一個有趣的遊覽企劃：紅白雙子酒莊遊。遊客可向這兩個酒莊任何一家說明預約這「雙色（bicolore）之旅」，在Carbonnieux的部份主要品嚐白酒，並在酒窖裡講解造酒過程；在Haut-Bailly則主力在葡萄園裡講解一些風土知識，並品嚐紅酒（自行安排交通）。在同一個酒區裡，風土和釀酒方式相近，這樣參觀可免卻一些重複部份，令整個過程更充實有趣。當然不要錯過預約一頓午餐，兩莊都提供很好的食物和漂亮的用餐環境呢！

Chateau Carbonnieux

✉ Chemin de Peyssardet - 33850 Leognan

📞 info@chateau-carbonnieux.fr

@ +33 (0) 5 57 96 56 20

🕐 全年，需要預約

👤 參觀/品酒/宴會/餐飲

💲 參觀及品酒免費，宴會、餐飲服務及「雙色（bicolore）之旅」由酒莊報價

🚗 駕車

🌐 www.carbonnieux.com

Chateau Haut-Bailly

✉ 33850 Leognan - France

📞 33 (0) 5 56 64 75 11

@ visites@chateau-haut-bailly.com

🕐 全年，需要預約。

👤 參觀/品酒/宴會/餐飲/商店

💲 參觀及品酒每人 €9，宴會、餐飲服務及「雙色（bicolore）之旅」由酒莊報價

🚗 駕車

🌐 www.chateau-haut-bailly.com

線上地圖

波爾多右岸

波爾多右岸地圖

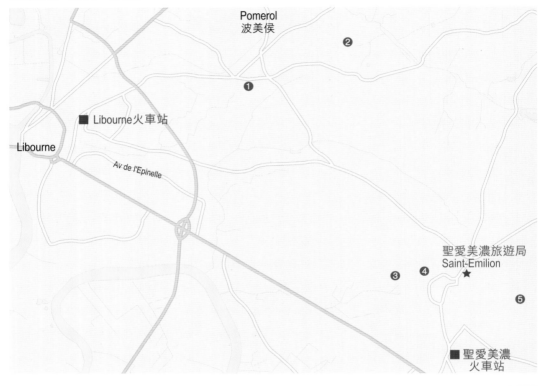

Pomerol
波美侯

❷

❶

■ Libourne火車站

Libourne

Av de l'Epinelle

聖愛美濃旅遊局
Saint-Emilion
★

❸ ❹

❺

■ 聖愛美濃
火車站

酒莊位置

在聖愛美濃區，必要參觀這個在地底直接開鑿出來的石教堂，教堂門口常有街頭藝人做表演。

Chateau Angelus 金鐘莊
占士邦愛大金鐘

因為那個在酒標上的大鐘圖案，我們暱稱金鐘莊為「大金鐘」。距離市中心僅10分鐘步程，這家在2012年升級至聖愛美濃 (Saint Emilion) 最高級的一級列級酒莊A級，相信是不少飲家必到之選。

適合類型
第一型 無酒不歡型

　　酒莊在2013年才完成一番大裝修，最矚目的就是個建了一個新的電腦控制大鐘，莊主Hubert de Bouard說更計劃加入中國國歌呢！

　　除了漂亮，出品質素當然優秀。唸釀酒學的莊主早在1985年引入恆溫酒窖，1986年引入將葡萄揀選分類的長枱。這做法在今天已相當普遍，但在差不多30年前，卻創了聖愛美濃區的先河，酒莊近年亦率先引入首批光學揀選機，讓所有顏色、大小和形狀不及格的葡萄統統被剔走。

　　不過風土才是讓各個酒莊分出高下的基礎。在聖愛美濃區，最主要的葡萄品種為梅鹿 merlot，不過在幾個特別出色的酒莊裡，就種有高比例的品麗珠 cabernet franc，其中白馬莊種植比例高達58%，奧松煲有50%，接著就是金鐘莊，比例達到47%。品麗珠要種得好並不容易，首先土壤必須處於朝南的溫暖斜坡上，地是帶沙質的石灰岩並混有小石塊，使泥土的保水疏水功能兼並。上列的三個酒莊位置接近，能分享同一段理想的土壤。

　　金鐘莊在大中華地區一向有名，莊主說參觀者中約25%的中國遊客！「在二十多年前，當其他酒莊仍主力開發日本市場時，我已看好中國市場。為什麼？我也不肯定，就是喜歡而已。我第一次到中國是1987年，當年北京只充滿吵耳的單車聲，連汽車也不多。但到1997年我正式開拓這個市場時，就變得更容易」。近年金鐘莊更上一層樓，成為占士邦的專用紅酒，在《新鐵金剛智破皇家賭場》裡，占士邦在往皇家賭場的列車餐車上，與新邦女郎首次見面，就開了一瓶1990年的金鐘莊。

🏠 **Chateau Angelus**

✉ 33330 Saint Emilion

📞 +33 (0) 5 57 24 71 39

@ chateau-angelus@chateau-angelus.com / l.benoit@chateau-angelus.com

🕐 全年，星期一至五，需要預約

👥 參觀/品酒/宴會

💲 參觀 €12起

🚗 駕車；火車：由 Bordeaux Saint Jean 往 Saint Emilion 站，再步行29分鐘或踏單車。

www http://www.chateau-angelus.com

Hubert de Bouard de Laforest 先生到目前仍是金鐘莊的靈魂人物。

Chateau Canon 卡儂堡
香奈兒的藏寶洞與山茶花教堂

在波爾多這個靠海吃海的地方，說有海盜一點也不出奇，更何況法國在中世界時有一批名為Corsairs的皇家海盜。他們專為法國國王打劫敵國船隻，或多或少也是個光榮職業！而卡儂堡就是由一個很吃得開的海盜Kanon在1760年購入，並將酒莊以自己的名字命名。

適合類型
第三型 文化藝術型

　　說得是海盜，當然劫來奇珍異寶，有寶藏自要收藏好，香港也有長洲的張保仔洞，而Kanon先生的藏寶處，則在酒莊腳下的酒窖位置，因為那裡現成有個大洞！

　　有發現在波爾多城那邊不少舊建築都用大塊的漂亮石灰岩所建成的嗎？在聖愛美濃鎮底下就是一大片石灰岩。法國人很早就懂得到山裡採石做建築，結果在山裡採出一條又一條地道。石灰岩的特性是很能儲水，在這土地上種葡萄不單不怕缺水，而且根據水能調節溫度的特性，在冬天也使葡萄藤免於結冰，夏天時則能令葡萄藤抵抗高溫，不少酒莊也建在這些石灰岩地道上。莊裡的人告訴我雖然地道看起來像迷宮，但自小在這裡長大的居民對地道地理都瞭如指掌，這裡是他們的遊樂場！為免頑皮的孩子偷去藏酒，酒窖一般會上鎖，而海盜先生原本就為卡儂堡裝了不少大閘作藏寶之用，現在圖個現成罷了。

　　在90年代，時裝品牌香奈兒接連購入兩個波爾多酒莊，繼左岸的二級莊Rauzan Segla之後，又購入了位列Premier Grand Cru Classe B（一級列級酒莊B級）的卡儂堡。香奈兒投入大量金錢去重整酒莊，因為有不少葡萄藤受疾病困擾，所以他們逐年不斷重種葡萄。新種葡萄藤產量有限，於是他們從附近再買來一些葡萄園以提高生產。在2011年，香奈兒購入卡儂堡旁邊的馬塔堡，馬塔堡從此

Chateau Canon

Saint-Emilion, 33330

+33 (0) 557 55 23 45

contact@chateau-canon.com

全年，聖誕節除外，需要預約。

參觀／品酒

參觀及品酒免費

駕車；火車：由Bordeaux Saint Jean往Saint Emilion站，再步行25分鐘，或踏單車。

www.chateau-canon.com

放棄自己的名字,而卡儂葡萄園面積增加了超過五成至34
公頃,新的土地主要用來釀造副牌酒Clos Canon。由於需
要更多地方作釀酒和陳釀之用,在2012年,他們購入了一
個位於附近、建於十一世紀的石教堂,翻新成一個新酒窖。
不過他們不單想要一座實用的酒窖,更考慮到文化保育,
一座十一世紀教堂能留到今天很難得,而且在原有的彩色
玻璃窗上,鑲著的正是代表著香奈兒的山茶花圖案,他們
特地將這個位置改建成接待客人的品酒室。遊客可到教堂
原有的小鐘樓上遠眺聖愛美濃一帶的風景,酒莊更打算在
那個音質良好的禮拜堂部份舉辦夏日音樂會呢!

這座由十一世紀教堂改建成的酒窖彌漫著莊嚴感。

Chateau Le Bon Pasteur 邦巴斯德堡
傳奇釀酒師
Michel Rolland的家

假如你熱愛波爾多酒，或者喜歡世界各地波爾多調配 (Bordeaux blend) 口味，你不可能不認識 Michel Rolland。他老人家擔任世界各地超過一百家酒莊的釀酒顧問，連中國也來了。這傳奇人物生於低調又矜貴的波美侯區，由爺爺的一代開始釀酒，一直以家庭式酒莊方法去經營。若你造訪，出來迎接你的隨時是他的太太或女婿！

David Lesage 先生親切地為我介紹 Rolland 先生的得意釀酒器具。

神奇風土品味之旅

「Le Bon Pastuer 的參觀是全世界獨一無二的！」他的女婿 David 劈頭就這樣說。太誇張了？但參觀過後我認同了！在解釋這個參觀的亮點以前，我們先來了解一下這家酒莊的歷史。話說在 1920 年，Michel 的爺爺在這裡買了 15 公頃的地，基本都相鄰在一起的。這樣種了 16 年以後，產區保護條例生效了（AOC），結果這 15 公頃的地被劃開了做 3 份，分別劃入了聖愛美濃、波美侯和拉朗德 波美侯區（Lalande de Pomerol）。

你可曾懷疑過 AOC 制度不過是故弄玄虛的法國人搞出來故作專業嗎？相隔 500 米的土地真能釀出不同的味道嗎？「在這裡，三塊地屬於同一名莊主、經過同樣的釀酒過程、葡萄籐年齡一致、天氣大致一樣，假如你嚐得出不同的味道，那唯一的差別就是土地了！」David 得意地笑。在不同坡度下，三塊田裡葡萄籐的受光差異肉眼都看得出來，再想像一下雨水流向和養份的累積的不同情況，一切風土對葡萄的作用都在你面前展現，感覺很實在而神奇！至於那三款酒，酒莊總會預備已適合飲用的年份讓參觀者品嚐，我試的就是 2004 年。口味雖然是相當個人的事，但在嚐過以後，我相信大部份人也能嚐出那三款酒確實有明顯差別！

Michel Rolland 以大膽嘗試各種新科技和釀酒法而聞名，而在他家族酒莊裡釀酒方式當然充滿實驗性，例如在近門口最醒目的位置就放了一隻灰色的蛋形東東，原來那是一個釀白酒專用酒槽，這個只能釀造 6000 公升的酒槽是精密數學的體現，只能是這個大小，這個蛋不能圓一點，不能長一點，就這樣，酒裡的酵母沉澱物就會像有魔術一般自行循環浮沉，並釀出溫潤豐滿的白酒。酒莊自 2009 年引入這顆蛋，接著波爾多地區就開始出現一顆又一顆蛋，例如史密斯歐拉菲莊、Pontet-Canet 等，你立即就明白這個酒莊邀請了 Michel 當顧問了。在這個小小的酒窖裡，每件器材背後都有故事。

Chateau Le Bon Pasteur

10 Chemin de Maillet - 33500 Pomerol

+33 (0) 5 57 51 52 43

contact@rollandcollection.com

全年，需要預約

參觀／品酒

兩款酒試飲，每人 €10；三款酒 €15；可供團體午晚餐，每人 €150 起，與 Rolland 家族成員進餐。

駕車

www.rollandcollection.com

Chateau Troplong Mondot
卓龍夢特莊
在葡萄園的晨光裡醒過來

Chateau Troplong Mondot 位於與聖愛美濃古城遙相對望的山頭，附近是連綿的山巒，像環抱著酒莊所在，開闊而寧靜的環境讓人覺得心曠神怡。

適合類型
第四型 蜜月浪漫型

　　這個酒莊位列聖愛美濃一級列級酒莊B級，近年請來猛人 Michel Rolland 擔當顧問，在 Robert Parker 手上自然拿到好分數，例如2009年就高達99分。飲酒當然不是飲分數，但一個高分絕對能為酒莊錦上添花。

　　酒莊更提供住宿，共3個住宿單位，其中一個單位客人需要穿過葡萄園的阡陌才能到達門口，是間名副其實位於葡萄園中心的小農舍，我最想在那富有田園風味的廚房大木桌上享受一頓法式農家早餐！另外兩幢則是位於莊主自家別墅旁邊的十九世紀大宅，傢俱典雅而精緻，又有充足的私人客廳空間，適合多人一起旅行時租住。莊主養有3隻親人的大狗，牠們不單熱情地歡迎你回家，若你打算徒步走到聖愛美濃古城觀光和用餐（約需15-20分鐘），聰明狗兒們有時更充當導遊領路，不少遊客對牠們都讚不絕口！

　　若沒有時間住一晚，也可到這裡的餐廳品嚐午餐。來到這餐廳首先就覺得氣氛與別不同，木材的主調裡透出的竟是亞洲的感覺。原來莊主 Xavier Pariente 是個古董收藏家，同時愛好亞洲風，因此牆壁最當眼處就是兩大幅綠意盎然來自日本的竹林圖，與大型摩登水晶吊燈形成強列對比。不過在天氣晴朗的日子，最佳的用餐位置一定是露天平台，以連綿葡萄海和聖愛美濃古城美景的美景佐餐，真是賞心樂事！而且這餐廳更由來自米芝蓮二星餐廳的廚師主理，用的食材大部份都是本地出產，是真正的波爾多風味！

Chateau Troplong Mondot

33330 Saint Emilion

+33 5 57 55 32 05

contact@chateau-troplong-mondot.com

全年，需要預約

參觀／品酒／住宿／附設餐廳

參觀及品酒 €8起，午餐 €45起

駕車；火車：由 Bordeaux Saint Jean 往 Saint Emilion 站，再步行約15分鐘。

http://www.chateau-troplong-mondot.com

可讓遊客在葡萄藤間醒過來的浪漫田間小屋。

Chateau Beauregard
貝爾加德莊
朝聖路上的慈悲

我們說酒徒來波爾多是朝聖，原來波美侯名符其實位於朝聖之路！在中世紀，天主教有三大聖地，除了較為人所熟悉的耶路撒冷和羅馬，第三個就是位於西班牙西北角的聖地牙哥。若由巴黎往聖地牙哥進發，就必經波美侯。

適合類型
第三型 文化藝術型

古時候交通差，連找吃的也不易，不少修會在這些朝聖的主幹道上都建有些醫院兼住宿設施，貝爾加德莊園原本就是由聖約翰騎士團在十一世紀所建立的一座醫院。醫院在十六世紀經歷過一場大火，只剩下基座，上面就蓋了今天的酒堡，但酒堡前的小花園上卻保留了一個刻了十字的小石碑，證明這是教會設立的朝聖者設施。因為這已列入法定古蹟，所以儘管波美侯寸金尺土，石碑範圍的草皮也不能改種葡萄藤。現在的酒堡建於十八世紀末，出自波爾多大劇院建築師徒弟的手筆，兩層高的房子由一條人造小河環繞，河上浮著朵朵睡蓮，走過河上的石洞橋就是莊園寬闊的花園；室內裝修精巧而充滿浪漫氣息，華麗的家俱散發著戰前的奢華感。

Chateau Beauregard

33500 Pomerol

+33 (0) 5 57 51 13 36

Beauregard@chateau-beauregard.com

全年，需要預約

參觀/品酒

參觀及品酒每人 €12。

1. 駕車；2. 火車：由波爾多市中心 Bordeaux Saint Jean 車站乘火車前往 Libourne 站，車站與酒莊距離約3公里。

http://www.chateau-beauregard.com

面積細小的波美侯產區只有 800 公頃（旁邊的聖愛美濃就約有 5,400 公頃），其中最精華的就是產區東部、只佔約 200 公頃的的高原部份。這邊主要是碎石混黏土，其餘部份則以沙粒混黏土為主，高原部份出產的酒一般酒體更飽滿和味道豐富。雖然波美侯不像別的產區般有分級，但概括來說所有最貴重的酒莊都在高原，包括貝爾加德莊園。

Sweet Bordeaux
甜酒區

波爾多酒一向是世界之最，而全世界最貴的甜酒也來自這裡的蘇玳區（Sauternes）。除了蘇玳，同區有不少味道同樣甜美而價格相宜的選擇，在晨霧和古城牆之間，甜酒區給你不一樣的波爾多之美。

線上地圖

甜酒區

我自己則相當愛這河邊的巴薩碼頭公園，這裡綠草如茵，樹木參天，晨曦的光束穿過迷霧，在寧靜的河面上折射出一道道的金光，很漂亮而浪漫！

Maison des Vins 甜酒博物館
在腐敗裡顯出身價

大家都熟悉波爾多1855年的特級酒莊名單，但除了紅酒酒莊，還有一個白酒的，不過只有位於蘇玳和毗鄰的巴薩區（Barsac）的甜白酒能獲得這個地位，這個列表分為頂級（只有1家，滴金莊Chateau d' Yquem），一級（11家）和二級（16家）。

適合類型
所有類型

　　波爾多的甜酒是用葡萄乾去釀，酒莊平均分3次採收，只取已變乾又沒被鳥兒吃過的顆粒（鳥兒吃過就變酸！）。人家一棵葡萄藤可能可以生產6瓶酒，但他們每棵藤可能只夠釀1瓶，這樣下來當然就貴了。

　　除了風乾，還要讓葡萄發霉！這些難得的「貴腐霉」能使果裡水份揮發，同時給了葡萄一些杏甫、茶葉、橙皮等香氣。發霉的條件是潮濕的空氣。我在10月分採訪甜酒區，印象很深的是當我在一個晴朗的早上由波爾多出發，火車一路向南，霧氣就越來越濃的，到達甜酒區時幾乎伸手不見五指。

　　當天接待我的莊主，第一件帶我做的事就是到河邊的巴薩碼頭公園去看霧！甜酒區沿河發展，而蘇玳區旁有一條穿過森林、溫度較低的小支流，一旦與較暖的主河相遇，霧就更濃，葡萄染的菌也就更均勻。

　　來到這區，一定要前往甜蜜波爾多協會所設的甜酒博物館，這裡不單有詳盡的甜酒製作方法介紹，互動的小遊戲或展板都有詳盡英語解說。不過最吸引的卻是免費試酒，一區接著一區的試，即使不是專家，也能窺伺一下風土的秘密！

Museum of Vine and Wine

House Wine Cadillac, D10 road Langon, 33410 CADILLAC

+33 (0) 5 57 98 19 20

maisondesvins@closiere.com

每年4-8月，早上10:30-下午1時，下午2:30-7時開放。

參觀/品酒

免費

駕車

www.maisondesvinsdecadillac.com

備註：前往巴薩碼頭的方法：從主幹道 D113 往南走，至轉往 D114 的路口不向右轉，左轉入 Le Port 路就能到 。

甜酒博物館

Chateau Guiraud 芝路莊
中秋甜蜜蜜

外國的月亮不一定特別圓，但若在芝路酒莊裡，一邊賞月一邊品嚐金黃芬芳的甜酒，一邊在那條長長的柏楊樹走廊裡散散步，又或者穿過葡萄滿枝的田地細語喁喁，這樣的中秋節應該別有一番甜蜜。

　　酒莊會慶祝中秋節，其中一個原因當然是重視中國市場，但原來中秋月圓總與收成同期，對他們來說也有慶祝豐收的意味。芝路自2011年開始慶祝中秋節，第2年有多達150人參加！

　　芝路是1855年酒莊列表裡的一級酒莊，在甜酒中知名度極高。芝路特別重視中國市場，中文名也是酒莊自己起的，他們特別喜歡「芝」字，因為長在葡萄上的貴腐霉菌也是靈芝/真菌的一種！

	Chateau Guiraud
@	carolinedegremont@chateauguiraud.com
🕐	全年，聖誕節及復活節除外，需要預約。
👥	參觀/品酒/中秋晚會/午宴/晚宴/租場宴會
$	參觀及品酒由 €10 起，與酒莊人員午宴或晚宴最少12人，每人 €83 起。
🚗	駕車
www	chateauguiraud.fr/en

Chateau Gravas 嘉芙莊
喝一瓶Chanel No.5

在前往嘉芙莊園的路上，莊主Florence 一邊開車，一邊介紹酒莊位於巴薩區的坡頂，當我預期車子將要爬坡時，她卻忽然停下車來，竟然已到了。原來所謂的坡頂只是在水平線上40米，怪不得一路平坦得感覺不出來！

嘉芙莊設計了很多特別版酒瓶，這個Chanel No.5 香水瓶造型就很吸引。

Chateau Coutet 谷特莊
刀鋒上的英式軍事堡壘

在波爾多，很容易就能找到英國管治的遺跡，例如位列1855年列級中的一級甜酒莊的谷特莊園，其十三世紀城堡原本就是英國人建造的軍用堡壘。

酒窖部份是由從前的馬廄改建而成，在長達110米的窄長廊裡除了見到一望無際的木桶陣外，細心觀察的話還能看見一些鐵環等屬於馬廄的蛛絲馬跡。若你有幸曾獲邀參觀滴金莊，會覺得小庭園部份有點眼熟。

原來在法國大革命以後，谷特有超過100年的時間為滴金酒莊的主人擁有，難怪看來與滴金莊那麼相似！

自1994年起，谷特酒莊則有武當莊在後面提供技術支援和協助分銷，更在武當的建議下造白酒！為甚麼有這番機緣呢？就因為武當的莊主菲麗嬪女男爵（Baroness Philippine de Rothschild）特別喜歡谷特的甜酒！

適合類型
第三型 文化藝術型

Chateau Coutet

@ info@chateaucoutet.com

全年，需要預約

參觀/品酒

免費參觀及品酒

1. 駕車；2. 火車：由波爾多市中心 Bordeaux Saint Jean 車站乘火車前往 Barsac 站，再步行約15分鐘。

www www.chateaucoutet.com

Florence笑說坐在車裡可能不察覺，但只要看看那霧就能明白，因為這裡地勢高，空氣較涼，霧就比較濃，不單貴腐菌更易滋生，酒甜度相對較低，酸度較高，花香也更重，「比起南面的蘇玳區，我們較高、較北的巴薩區出品沒那麼甜，較優雅。」

學完地理就該參觀酒莊了。在酒莊大宅門前的一幅地種的是西密雍葡萄平均樹齡80歲的老藤，是釀好酒的根本。莊園很好客，接待大廳用的放著木傢俱和石爐灶，加上播放著悠揚的古典樂，令人像探訪好友家般感覺溫暖而愉快。酒窖部份掛滿了色彩繽紛的油畫，我說那裡油畫多、酒桶少，更像個畫廊呢！

Chateau Grava

@ chateau.gravas@wanadoo.fr

全年，需要預約

參觀/品酒/節慶活動（向酒莊查詢）/ 藝術展覽/商店

免費參觀和品酒

駕車；火車：火車：由波爾多市中心 Bordeaux Saint Jean 車站乘火車前往 Barsac 站，再步行約25分鐘

www chateau-gravas.fr

Chateau d'Arche 方舟莊
甜酒主題樂園

在甜酒區遊玩到處都瀰漫著閒適的氣氛，最理想是先逛兩個漂亮酒莊，下午逛逛河邊或到山上看看化石，晚上再到精緻的小餐館吃海鮮喝甜酒。但若想更放慢腳步，免卻開車的勞累，方舟莊園是最好的選擇。

　　這家在1855分級裡位列二級的酒莊擁有區內最大規模、由一家古老大宅改建成的酒店，窗戶外就是綠油油的葡萄園，住在酒莊就應該這樣！酒莊內建造了一條「葡萄園之路」，一路上有報告板介紹甜酒區的特色，板上更有QR Code，輕易就可以獲得英語或普通話資訊！若有5人或以上，可要求酒莊設品酒午宴或晚宴，莊主對吃很有心得，他自己最喜歡以甜酒配葡萄藤烤鴨胸和甜酒焗蠔。若天氣好，午宴可移師到葡萄園裡，邊呼吸著樹藤的氣息，邊從野餐籃裡掏出酒啊、食物的，讓人體驗到真正的法式田園風情。

🏠 **Chateau d'Arche**

@ http://chateau-arche.com/contact

🕐 全年，自助參觀不必預約，其他服務需要預約。

👤 參觀 / 品酒 / 工作坊 / 商店 / 附設酒店 / 宴會服務

💲 參觀及品酒免費，酒配食物工作坊 €18（8人起），雙人房 €140起。

🚗 駕車

🌐 http://www.chateaudarche-sauternes.com

Chateau de Myrat 米拉特莊
大孔雀和重生的鳳凰

像從童話故事裡搬出來的精緻英式大宅，在寧靜裡頂天立地的優雅大樹，怎料一隻彩藍色巨鳥從天而降（其實是樹頂），原來是莊主飼養的放養大孔雀！

Chateau de Rolland 迪羅蘭莊
法皇御准鴿子窩

在葡萄藤之間，總有些讓人猜不著用途的建築。例如在 Chateau de Rolland，田中央圓拱型石砌建築物就吸引了我的注意。「那個從前是用來養鴿子的！」莊主 Lucie 笑說。

原來鴿子樓在從前是身份的象徵，要獲得法國國王批准的貴族才可興建，而且只有富人才養得起。從前要吃肉不易，但鴿子不單懂自己找吃的，繁殖力強產量又高，「在十三世紀一個皇室家族可以一天吃掉 400 隻鴿！」而養鴿其實對種植葡萄也有莫大幫助，因為鴿子不吃葡萄，卻吃掉田裡的害蟲，鴿子糞更是優質肥料！酒莊這幢鴿子樓是區內最大的，當年能養 1000 雙成年鴿子。

酒莊酒窖以巨型酒桶設計成酒吧模樣，在一排又一排

的酒桶間品酒特別有氣氛。除了甜酒，酒莊更有釀造紅酒和白酒，在這裡可以一併品試。

🏛	**Chateau de Rolland**
@	info@chateauderolland.com
🕐	全年，需要預約
👥	參觀／品酒
$	免費
🚗	駕車；火車：火車：由波爾多市中心 Bordeaux Saint Jean 車站乘火車前往 Barsac 站，再步行約 20 分鐘
www	www.chateauderolland.com/en

故事回到 15 年前的某天，有 2 隻似乎是迷路了並受傷了的孔雀一天闖入了米拉特莊園，這家 1855 年列級二級甜酒莊，莊主 Xavier 餵養並醫治了牠們，結果孔雀活下來，莊裡還陸續住了些野雉、松鼠和小鹿，使這個 8 公頃大英式花園更添生氣！除了來看動物，當然也得品酒，米拉特莊園在 1937 年由 de Pontac 家族購入並管理，這個曾經擁有侯伯王的家族，在 1976 年做了一項前無古人的大改革：他們決定將所有葡萄藤拔起再種！這破釜沉舟的舉動，是在波爾多列級酒莊中從未有過的事。到了 2001 年，酒莊獲法國權威雜誌《葡萄酒評論》(Revue du Vin de France) 評為「波爾多最佳酒莊」之一，是對酒莊努力的肯定。

🏛	**Chateau de Myrat**
@	myrat@chateaudemyrat.fr
🕐	全年，需要預約
👥	參觀／品酒
$	免費參觀及品酒
🚗	1. 駕車；2. 火車：由波爾多市中心 Bordeaux Saint Jean 車站乘火車前往 Barsac 站，再步行約 25 分鐘。
www	www.chateaudemyrat.fr

波爾多電車遊

遊覽波爾多相當方便，因為當地有一個相當完善的電車系統，自火車站的位置就能讓遊人輕鬆接駁至市中心。必須認識的就是距離主要火車站 Bordeaux Saint Jean 六個站、位於 line C 的市中心站 Quinconces。車站一面是豎立了大石碑的廣場，但凡有大型活動舉行大多也選址這裡。另一面就是波爾多旅遊局，所有酒莊旅遊、參團遊和地圖等資訊也可在這裡找到。

旅遊局對面就是 CIVB（波爾多葡萄酒協會）的大樓，你可到這裡唸個品酒課程，課程由 2 小時至數天不等，專教波爾多知識，若你是這個酒區的大粉絲不妨唸一張最正宗的證書！即使不上課，也要來這裡位於地下的酒吧喝一杯。這裡只喝波爾多酒，由區內較罕見的粉紅酒至矜貴的玻美侯也按杯裝發售，售價只是 €2 起，更有侍酒師指點客人配搭波爾多酒的知識，是一個便宜而完滿的波爾多體驗。

離開 CIVB 往大劇院方向走，就會到達全歐洲最長、達 1.2 公里的步行購物街 Rue Sainte Catherine。這裡少不了知名百貨公司 Lafayette 和其他大品牌如 Sephora 和 H&M，若想購買一些較為本地的服裝品牌或試試價格平民味道出色的本地餐廳，就要鑽鑽左右的橫街，本地人更暱稱 Sainte Catherine 為「蜈蚣街」，因為那些像蜈蚣腳般的小橫街才是精髓所在。不過若你想買的是大品牌如 LV、Hermes 等，你就不要進入 Sainte

阿爾卡雄 Arcachon 是波爾多人的度假熱點，由市中心乘火車至此只需約 40 分鐘。

Catherine，只要在旁邊 Cours de l' Intendance 上都是大品牌，這裡的名店雖不如巴黎般擠擁，但貨色有時更齊備！

要了解一個地方的飲食文化，我常常覺得最好去那裡的農夫市場，不單可以吃到合時的果菜，更會找到很多地道熟食。來到波爾多，有機會的話一定要在周日去河畔市場（Marche des Quais）逛，那裡的芝士和肉腸連本地人都讚好，接近午餐時份有很多熟食檔營業，但不得不吃的一定包括波爾多馳名鮮蠔和青口，還有很多巧手師傅出售各式熱食和甜品。若要吃頓好的記得要早，因為果菜檔和食檔很多都在2時前關門，下午只剩下賣乾貨的攤子。

若你想像本地人般度過一個輕鬆的周末下午，就一定要到 Place de la Bourse 站坐坐，那裡有波爾多地標「水之鏡」（Miroir d'eau）。在沒有風的時候，薄薄的水反映著天空和旁邊的建築物，就像一面巨型鏡子。為了保持水不會乾掉，每20分鐘便會自動噴出水霧。雖然一開始這只是一個純粹的噴泉，但漸漸有孩子衝進那濃濃的水霧裡去玩，後來玩水的就不限孩子，現在每到夏日，常常會看見一家大小牽著小狗衝進霧裡去的溫馨畫面。即使不想玩水也可帶同野餐食物到水池邊或旁邊的花園坐坐感受波爾多風情。

若你能花上半日，又熱愛出海，那就可以到盛產生蠔、並以漂亮沙丘聞名的阿爾卡雄 Arcachon。往來這海邊城鎮，我建議你乘火車，因為車路經常嚴重塞車。乘火車由 Bordeaux Saint Jean 出發，車程約50分鐘。來到這裡必定要吃的是海鮮，€15左右一打本地生蠔，€12左右就有小山般高的青口，還有螺、蝦等，因為剛剛撈上來，理所當然地鮮甜好吃。吃過豐富海鮮餐，可到沙灘那邊像法國人一樣做日光浴或釣魚，而且這裡有好幾個小攤，都是帶人出海的遊船，讓人近距離看那歐洲最大的宏偉沙丘和漂亮的淺海，可是個浪漫之旅。

旅遊局網址：http://www.bordeaux-tourisme.com

每次乘電車經過這青蔥隧道，我也覺得很浪漫。

逛聖愛美濃地下教堂吃Macaron

聖愛美濃城區是個保留了中世紀建築、小得在一個小時裡一定逛得完的小城（若你不被那多達50家的酒舖拉著品酒的話！），樸素中帶莊嚴的氣氛與對岸波爾多城的繁華形成強烈對比。說到莊嚴，既來自隱士愛美濃（Emilion）在本地行了不少神跡，也源於鎮中心那座大教堂。這座教堂一眼看去跟其他教堂一樣宏偉，看真點卻只能看見正門，那塔樓和其他建築都跑去哪呢？原來教堂內部先挖空山裡石灰岩而建築的，那極高的教堂內部都在山裡。當中精緻的壁畫讓人有巧奪天工的感覺，而這教堂更是全歐洲最大的地下教堂！

相信不少女生也熱愛法式小圓餅Macaron（馬卡龍），不少法國城市也自稱為這國寶級甜點的發祥地，而聖愛美濃正是其中一個認受性較高的城鎮。這裡有好幾家賣Macaron的餅店，除了賣常見的五彩繽紛的Macaron外，更專門生產一種看起來是曲奇般的金黃色、單層的Macaron。它們鬆化不黏牙、充滿杏仁香，沒有奪目的顏色，卻吃出溫馨和親切的感覺，實不容錯過。太多餅店不知如何選購？若你在夏天遊城，準有不少店員站在門口熱情地邀請你試吃，貨比三家才購買也不遲！

聖愛美濃城資料

前往方法：駕車；火車：由Bordeaux Saint Jean出發，乘車至Saint Emilion站。車站距離鎮中心約15分鐘步程。

旅遊局網址：http://www.saint-emilion-tourisme.com/uk

聖愛美濃這個中世紀小鎮將熱鬧收藏得深深的。

蛋黃小甜點的甜蜜與慈愛

光聽名字Canele，或許你想不起是甚麼，但一看其真身就會讓人發出「哦」一聲的感歎。而這隻「熟口熟面」的小甜點，竟是波爾多釀酒業的副產品！

當酒接近釀好時，其實仍懸浮了不少雜質，所以大部份酒商在將酒入瓶前，會先經過一個澄清的程序，例如使用蛋白的黏附特性去黏住酒裡的懸浮顆粒（有人會用上同樣黏黏的魚鰾或黏土……）。從前要過濾一桶酒便要用上六個蛋白（今天約用三至四個）。過濾一個酒窖的酒，要有多少顆沒用的蛋黃剩下來！據說在十六世紀，有人就想到不如送給修道院，讓修女們將這些蛋黃做成食物送給窮人，結果可麗露誕生了。這個當年的窮人恩物現在已變得身價非凡了，今天在可

麗露裡不可或缺的還包括冧酒（Rum）和雲呢拿籽，這些高貴的配料大概不存在於當年的配方。

在波爾多，喝咖啡會配迷你可麗露，在餐廳或餅店固然有售，更有可麗露專門店，出售禮盒裝可麗露讓人當手信！不過這樣跟買蛋撻到外地探親一樣笨，因為可麗露最好的品嚐時間是在大約出爐一至兩小時以內。優秀的可麗露外層鬆脆得來有點彈牙，散發著焦糖和冧酒香，內裡濕軟甜滑，嫩嫩的蛋黃團在舌頭上悠轉，好吃得想快點咬下一口，但又捨不得吞下這一口。不過即使在波爾多，要吃完美的可麗露也要在對的時機遇上對的人（糕餅師）才能成事，我自問已把握每次邂逅可麗露的機會，但也只吃過兩三次完美的呢！

Canele 可麗露

真心餐廳推介

我推介的餐廳不多，但都是真心喜歡的。

在炭火上以鴨油炸薯條，還能比這個更富異國風情嗎？

鴨油與酒香的二重奏

皆因波爾多鄰近法國著名鴨產區 Perigord，令人們相當好鴨。除了羽毛以外，大概他們能吃掉整隻鴨！要嚐最好的鴨菜，要去 La Tupina。創辦人 Xiradakis 堅持用鴨油造每一道菜，「鴨油醇而香，正宗的西南部菜一定得用鴨油，人們不用只因為成本高。」要吃出鴨油的真味，最好來個最簡單的炸薯條。初以為鴨油會很膩，結果卻香潤得幾乎帶甜味，直像裹著新鮮燒鴨皮的薯條！

另外要吃是鴨肝，對，不是鵝肝。店員説這裡用上等貴價鴨肝，可以人道地養肥肝，但願店員沒有騙我。這道作為前菜的鴨肝配上香煎法國牛肝菌（cepe），前者甜香豐腴入口即化，後者黏滑帶濃郁菌香，經典配搭是蘇玳甜酒，甜中帶酸的濃滑美味與食物大合唱，是雲上的美味。

餐廳資料

訂座網址：http://www.latupina.com/reservation

地址：6, rue Porte de la Monnaie - 33800 Bordeaux

前往方法：乘電車 Ligne C 到 St.Michel 站，餐廳就在旁邊的橫街。

神秘芝士地窖

想得到一個完美的芝士體驗，必到 Baud et Millet。這是一家非常傳統、具鄉村風味的法國餐廳，一踏進小小的門口，就聞到濃得化不開的芝士味。追隨著芝士味，你會摸到一條小石階，在泛黃的燈泡和濕涼的石牆間，竟漸漸聽到牛鈴聲？出現在眼前的是一個芝士大觀園，上百款的芝士由最淡的忌廉芝士，以至惡臭級的都應有盡有，芝士全都有標好名字，後面還跟著個熱心解説芝士特性的店主呢。除了芝士，這裡菜好吃，酒款繁多，是波爾多愛好者的秘密好去處。記得預約。

餐廳資料

訂座網址：www.baudetmillet.fr

地址：19 Rue Huguerie, 33000 Bordeaux

前往方法：最接近的電車站是 Quinconces，乘電車 Tram B 或 C 均可到達。

穿越葡萄園和酒堡的跑步，感覺與別不同。
（Photo credit：AMCM/De Tienda/Mainguy）

活動推介

跑得醉快——梅多克馬拉松

無論為健康著想還是按邏輯去思考，邊喝酒邊跑馬拉松都不合理。但梅多克的馬拉松已辦到第29屆（2013年）！這個馬拉松只有全馬的42公里，從波雅克開始，南下至聖朱利安，至龍船莊折返北上，至聖埃斯塔菲，再跑回波雅克鎮中心。

在比賽前一晚是盛大的「意大利麵」之夜，由前菜、主菜至甜品都是由意大利麵造的，包保大家攝取到足夠的澱粉質，增加跑步體力。到了比賽當日，人們穿的不是標準的背心短褲跑步裝，卻是七彩繽紛的 Cosplay！因為比賽每年都會有一個裝扮主題，例如扮動物，又或是2013那一屆扮科幻故事裡的人物，非常好玩！

若你相信吃下足夠的食物會止住醉意，這是一場令人不醉的馬拉松，途中有不少食物站，奉上牛排、生蠔、火腿、芝士和雪糕，沿途穿過50多個酒莊，也不乏知名酒莊如武當和靚次伯等，可跟這些酒堡近距離合照，更可品嚐美酒！但說到底這可是一場貨真價實的比賽，大會規定需於6.5小時內完成比賽才獲頒發證書。為了利誘參加者用心跑完全程，於限時內完成賽事可獲贈一支特別版紅酒。若得到冠軍，當然有更多瓶酒作為獎品。多少瓶？冠軍站在大會預備的磅上，體重多少便換多少酒。而且浪漫的法國人永遠不會虧待女生，若冠軍是個嬌小的女生，他們會當眾「造馬」，例如將磅大力壓下，讓她可取得更多瓶酒。若跑步不是你的強項也不用灰心，大會還會頒發最佳造型獎！

聖愛美濃城資料

比賽日期：每年9月初

報名日期：每年2月（很快爆滿，報名要趁早！）

食住安排：大會有不同的方案可供選擇，可瀏覽網址。http://www.marathondumedoc.com

備註：很多酒區也有辦馬拉松，例如波爾多南部的蘇玳甜酒區、布根地、薄酒萊等，不過以梅多克這個歷史最悠久。有興趣可在網上找其他馬拉松的資料。

過兩天波爾多莊主生活

愛酒的你來到波爾多，最大的夢想當然是獲得名莊莊主熱情招待，聽莊主親自分享釀酒心得，並獲莊主招待出席一場酒莊的品酒晚宴。這個平日不可能的夢想，每年卻有一個周末可以實現！

在波爾多有一個由200多個大酒莊組成的名莊聯會（Union des Grands Crus），聯會牽頭的是武當莊、白馬莊和滴金莊，其他成員酒莊都有相當的名氣和質素。他們每年在5月就會舉辦「名莊的周末（Le Week-end des Grands Crus）」活動，酒莊要員們在這兩天會與眾同樂。

在這個周末，最大型的活動就是一個大型試酒會（Grand Cru Tasting），會有多達100個名莊的美酒任人品嚐，各酒莊的要員更會在會場上跟遊人交流酒經；晚上的亮點則是在數個指定酒莊裡舉行品酒晚宴，以2013年為例，舉行的地點就包括了二級莊龍博菲、五級莊 Clerc Milon 和一級甜酒莊芝路，在席上飲家就像造訪朋友家一樣，跟莊裡要員閒話家常。

除了工作，法國人又怎會不懂享受人生？年輕莊主自然「work hard, play hard」，在工作以外他們也是愛泡吧逗女生說話的年輕人！想跟他們一起泡吧？在這個周末就有一個「Soiree 18-35（18-35之夜）」活動，一般選址在波爾多的時尚酒吧裡舉行，喝的當然都是這些名莊的美酒。他們並邀來知名DJ，務求讓莊主與參加者一起瘋一晚，宣傳單上更提醒你若心境超過35歲就不要來了！若你很年輕，但不愛夜生活、又偏愛健康運動？那就可以參加哥爾夫比賽，跟莊主們比拼球技。打完球以後，當然少不了品嚐各大名莊美酒的環節啦！

Le week-end des Grands Crus

日期：每年5月中的一個周末

網址：http://ugcb.net/en/wgc

費用：品酒會及酒吧之夜 €60，品酒晚宴 €140，哥爾夫球比賽 €85，個別酒莊免費開放參觀。（以上為2013年價格，最新價格及節目詳情請參考ugcb網站。）

我不得不承認我對瑪歌區特別偏心

在每年的瑪歌節，酒莊們都會邀請來自世界各地的優秀樂隊前來表演。

當聖朱利安區的酒莊人員在談論天氣令葡萄藤遲了發芽時，瑪歌區的人在苦惱為甚麼花園裡的鬱金香還未開花；當波雅克區的酒堡都高大得令人心生敬畏，又或者拒人千里不接訪客時，大部份瑪歌區酒堡都較小而帶花園，並親切地招待人參觀。還有吸引住整個波爾多人的心的瑪歌小姐（巧克力廠），都使瑪歌成為我最流連忘返的一個波爾多酒區。

除了參觀酒莊和巧克力廠，若時間湊得巧更可以參加單車比賽和多姿多彩的瑪歌節。在每年5月底的周末舉辦的單車賽在2013年已辦到第15屆，其實意念與9月份舉行的梅多克馬拉松類近，賽程具多種選擇，由最短20公里至最長80公里！途中會經過很多瑪歌區及附近一帶如Listrac和Moulis區的酒莊，知名如瑪歌莊、力士金、湖珊雪格和麒麟莊也在賽道上，一路上同樣有美酒和美食，不少音樂站更有樂手助興！

而在每年11月中，天氣真正轉冷以前，瑪歌區就會舉行「瑪歌之味（Margaux Saveurs）」活動，大部份區內酒莊在期間都會開放參觀，不少

更提供有趣活動，包括讓遊人品試各種只以單一葡萄釀製的酒，在了解各種葡萄酒的長處和短處以後，再讓大家親手調配屬於自己的酒。不少酒莊會舉行各種特色食物配酒的活動，甚至與花卉做配搭品嚐！除了品酒，這幾天區內的餐廳會配合推出特色餐單，「瑪歌小姐」舉辦免費品嚐巧克力活動，更有單車遊活動和不同的音樂表演。即使天氣有點涼，精彩的節目也能令人心熱起來。

瑪歌之味（Margaux Saveurs）

查詢網址：http://www.margaux-saveurs.com（法文網站，若需英文資訊須翻譯網站協助）

備註：若打算參加個別活動，最好先發電郵至相關酒莊報名，以確保成功參加。

瑪歌單車比賽

查詢及報名網址：http://medocainevtt.com（法文網站，若需英文資訊須翻譯網站協助）

Hotel Continental Bordeaux

酒店位於市中心，旁邊就是波爾多遊客中心、大劇院和Rue de Saint Catherine。酒店客房雖然不算豪華，但設計相當方便遊客，免費WiFi、舒適被褥和足夠的儲物空間，最細心的是酒店會為旅客提供午餐盒，最適合想省點吃、花多點去玩的年輕人。

Hotel Continental Bordeaux

10 rue Montesquieu, 33000 Bordeaux

+33 (0) 5 56 52 66 00

http://www.hotel-le-continental.com

Chateau-Lavergne

來到波爾多，你想住城堡，學品酒，最好能學到一兩道波爾多本地菜，來到Chateau-Lavergne，就可以一次過滿足你所有願望。這家位處波爾多右岸的城堡原本產酒，後來沒有時間管理葡萄，因此把葡萄園出售。莊主太太閒來無事就開始接待遊客，加上她對煮食甚有心得，因此更辦起烹飪班。莊主太太親切健談，來自匈牙利的她跟你由Tokay談至波爾多Clairret，再談法國總統到問我們香港回歸後的變遷，手上不斷弄出精巧的一道又一道西班牙/法國菜。在這個大宅裡留宿的一晚，可是我其中一個最地道的波爾多住宿體驗。

Chateau-Lavergne

2, Chemin de Melac, 33270 Bouliac

contact@cavinter.fr

http://www.chateau-lavergne.com

在波爾多若不想自己開車，除了參加不同的本地一天遊，更可以參加更小型的本地遊團，或聘個導遊，好處是你想去哪裡就能去哪裡（例如在看酒莊前先到Hermes和Chanel！），而且有時這些導遊有自己相熟的酒莊，有辦法為你爭取比一般遊客更優厚的待遇，若你心裡有幾個非常想去的酒莊，或不懂如何玩波爾多才看得最多，不妨找Xavier！他曾接待過很多香港飲家呢。

contact@33tour.fr

http://www.33tour.fr

Chapter **3**

應許之地
布根地

若你來到伯恩城，就不得
不參觀這伯恩濟貧醫院。

應許之地　布根地

對不少愛酒人來説，布根地充滿神秘感。那些低調的莊主
不像波爾多的人般通世界跑，要記住那100個產酒小區的名
字也叫人頭暈。要了解布根地，首先要改變一下觀念。

這邊大家最看重的是風土，其次才是酒莊。這裡的白酒幾乎都用 chardonnay 霞多麗釀，而紅酒絕大部份都是 pinot noir 黑皮諾，但在布根地狹長的版圖裡，由北至南，每移1公里，酒裡展現出的風格氣質已有明顯差別。看起來還是難理解？別擔心，喝過看過就懂了。

若你沒耐性一步步地認識布根地，一來就要最好的，那你就將目光集中在那神聖的石圍牆上吧！一個又一個 Clos（法文「圈起的地」），如 Clos de Vougeot，以至珍貴的 Romanee-Conti 和 La Tache，都是圍著石牆的葡萄園。這裡種出來的酒只應天上有，售價也不是凡夫俗子能輕易高攀。這些 Clos 主要拜教會修士所賜，例如 Citeaux Abbey（西多修會）。教會修士向來有釀酒的傳統，因為酒是祭品。但為甚麼修士種葡萄特別有天份？是得到神的感召去造好酒？還是他們沒有老婆煩，可醉心追求口腹之慾？總之當年修士慧眼識別了不少今天的特級葡萄園（Grand Cru），一條馬路之隔，Grand Cru 的那邊就特別精彩。這些千年前的石牆，就成了布根地的神聖象徵。

可能因為得到古代修士珍貴遺產的好處，布根地人相當崇尚習俗和傳統。儘管今天已出現各種巧奪天工的酒杯，當地釀酒師甚至不少愛酒人仍愛以絲帶將一隻銀色試酒碟掛在頸上，隨時以「私家碟」試酒。當富有的波爾多人對酒莊近乎有「翻新癖」時，布根地總是忠於那中世紀酒窖，少了那層厚厚的霉菌，他們怕連酒也釀不出來！（因為大部份酒莊崇尚用天然酵母，即天然細菌）圍著伯恩城區的城牆是大酒莊的藏酒地，還有在濟貧醫院和各區大宅上的法蘭德斯式（Flemish）彩色屋頂，傳統得來更帶童話式的夢幻。區內甚至有好幾家大大小小的酒具博物館，那些別人眼中廢物他們就撿回來，還要布置得漂漂亮亮吸引遊人去看。

布根地人最愛以酒做菜，例如舉世知名的布根地紅酒燉牛肉、紅酒燉老公雞和紅酒煮水波蛋，還有薄酒萊區的甜酒渣煮香腸等，食物

在酒香催化下自然甚麼酒都配。假如你愛吃內臟，必要試試這裡的手工豬腸塞豬大腸，臭臭的大腸跟果香和酸度十足的夏布利酒是好朋友。不容錯過的還有這裡的各式凍肉，必試的有歐芹火腿（jambon de persille），果凍狀的部份原來是煮溶了的小牛腿筋，加上五花八門的本區獨有芝士，配酒絕佳。

在計劃行程時，由於布根地比波爾多小得多，所以限制沒那麼大，但要注意夏布利（Chablis）與黃金丘相距很遠，開車要兩三個小時，必須分開兩天去玩，而馬貢可以跟伯恩丘或薄酒萊同一天玩，因為地理上較接近。

這看似狗頭鍘的東西，原來是古代布根地人將軟木塞夾細，好等木塞可塞入酒瓶的用具。

小知識

分級制度

布根地的酒基本分4級。最低級的是區級，他們只可以標示地區名，種植限制較寬鬆。高一級的是村級，可以在酒瓶上標上村名，為如 Gevrey-Chambertin 等。再上級的分別就是一級葡萄園和頂級葡萄園，除了標上村名外，還會標上一級或頂級的字樣，而且一般會標明田（Climat）的名字。當地人說若一瓶酒只標上「一級」、「特級」的字樣而不帶田名，多數不及帶田名的好，記住這個小貼士吧！例如左面的酒標，就標明是「Beaune 1er cru」，即伯恩的一級田，而大字「Clos des Mouches」就是田名。

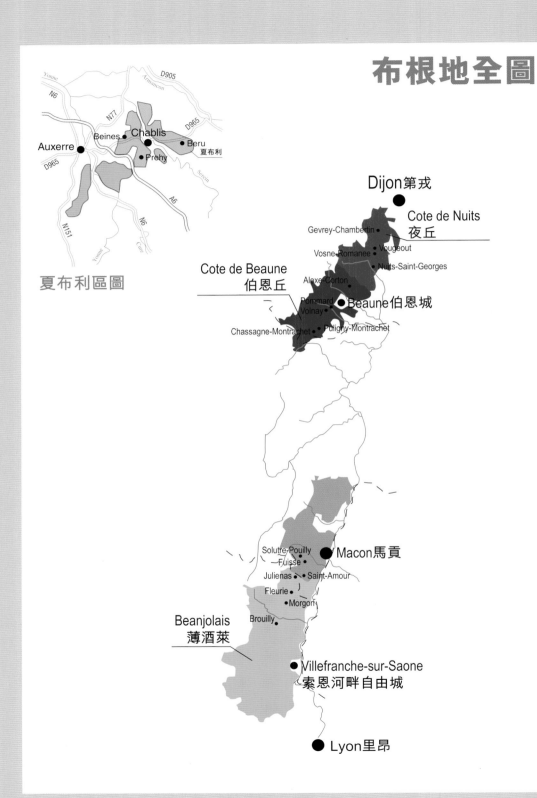

夏布利區圖

布根地全圖

Chablis
夏布利

Auxerre
Beines · · Chablis
· Prehy
Beru ·

Dijon第戎 ●

Cote de Nuits
夜丘

Gevrey-Chambertin ·
Vosne-Romanee · · Vougeout
· Nuits-Saint-Georges

Cote de Beaune
伯恩丘

Alexe-Corton ·
Pommard · ● Beaune伯恩城
Volnay ·
Chassagne-Montrachet · · Puligny-Montrachet

Solutre-Pouilly
Fuisse
Julienas · · Saint-Amour
Fleurie
· Morgon
Brouilly ·

Macon馬貢

Beanjolais
薄酒萊

Villefranche-sur-Saone
索恩河畔自由城

● Lyon里昂

百變 Grand Cru

在買酒時，曾有售貨員對你說過「這是 Grand Cru，好東西來的」嗎？Grand Cru 大概可以翻譯成「頂級葡萄園」，但在不同的酒區裡，有 Grand Cru 是眾望所歸的頂級葡萄園，有 Grand Cru 卻僅代表符合了某些生產條件！所以搞清楚甚麼是 Grand Cru，以免將粉絲當魚翅。

最尊貴的 Grand Cru 一定在布根地，其中大部份是一千年前由不同的修士發掘出來，不少更建了石牆將地圍住，這些一圈圈的地可說是尊貴的標誌。布根地只有 33 個頂級葡萄園，佔總面積不足 2%。那是否就相當於有 33 個頂級酒莊？原來由於繼承法律等原因，一片頂級葡萄園往往分成很多份，例如相當有名的 Clos de Vougeot（梧玖莊園），50 公頃左右的地卻由近 80 個莊主持有！不過無論如何細小的地，布根地的 Grand Cru，都是魚翅級。

波爾多不以土地去分級，卻崇尚個人主義，以酒莊為依歸，例如在左岸地區的 61 個大家最熟悉的列級酒莊，就是 Grand Cru，那個列表在法文裡就叫「Les Grands Crus classes en 1855」，當然也是魚翅級。但在右岸的聖愛美濃區就有點難搞，根據產區法例（AOC），列入 Saint Emilion Grand Cru 的條件寬鬆，很多酒莊也符合這要求，只是粉絲級貨色。最貴重的聖愛美濃區酒會有「Grand Cru Classe」字樣，有「class」的才是好東西！這裡包括了 64 個 Grand Cru Classe（列級酒莊）和 18 個更高級的 Premier Grand Cru Classe（一級列級酒莊）。

這個十字架，標誌著全布根地最貴重莊園 Domaine de la RomanEe-Conti，所以也是遊客的拍照勝地。（位於梧玖堡與馮內‧羅曼尼村之間）

香檳區的 Grand Cru 主要是葡萄價格的反映，說實在是給農民看的價格參考。Grand Cru 出品最貴，其餘的就打九折或八折。Grand Cru 田只是根據村莊劃分，目前共有 17 個村，大約佔總面積的 9%（並不算太少）。市面絕少有 Grand Cru 香檳，一般香檳總是混合年份、多片不同級數的田地！對普通香檳來說，Grand Cru 是其中高貴的調味料罷了。

而在隆河谷區並沒有所謂特級葡萄園，最高級只是 Cru（葡萄園），每個面積有大有小。那隆河谷豈不是比布根地或波爾多要差？但這些 Cru 就包含了大名鼎鼎的 Hermitage、Cote Rotie、Chateauneuf-du-Pape 等，不少出品的售價和質素都不遜布根地和波爾多的明星酒莊。說到底，沒有特級葡萄園這分級可能是因為謙遜，沒人家那麼貴可能只是還未被國際炒家炒起罷了！

Beaune
伯恩

線上地圖
伯恩

無論旅遊書還是酒書，都愛將伯恩城標籤為「布根地葡萄酒中心」。的確，伯恩城地位超然，黃金坡的南半部份也以「伯恩」為名，城內開放參觀的酒莊多不勝數。

酒莊位置

❶ La Boutique Louis Jadot 路易佳鐸 *p102*
❷ Maison Albert Ponnelle 譜樂莊 *p101*
❸ Maison Bouchard Aine et Fils 寶尚安勒莊 *p100*
❹ Chanson Pere et Fils 香頌莊 *p94*
❺ Caves Patriarche Pere & Fils 帕提亞莊 *p96*
❻ Domaine Lycee Viticole de Beaune 葡萄酒學院 *p102*
❼ Maison Champy 香品莊 *p93*
❽ Bouchard Pere et Fils 寶尚父子莊 *p94*

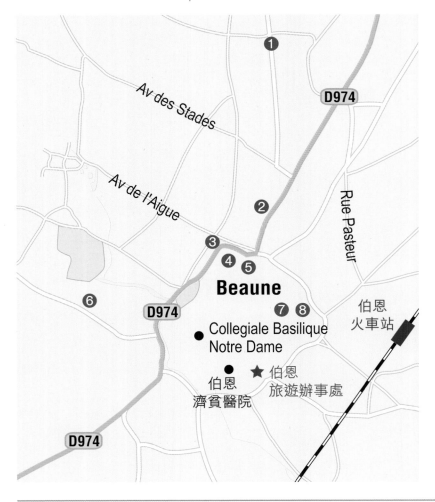

Maison Champy 香品莊
真正的舊瓶新酒

伯恩有不少老牌酒商，但說到最老的要數香品莊，可是到了上世紀80年代放棄經營，將所有資產賣予另一大酒商 Louis Jadot 路易佳鐸分錢了事。

適合類型
第一型 無酒不歡型

對念舊而熱愛自己文化的布根地人而言，一個老品牌的消失是一件很可惜的事，結果經營葡萄酒買賣的家族 Meurgey 出手購回香品莊 部份資產，重新以「香品」的品牌繼續釀酒，不過酒莊原本最優質的土地和不少陳年佳釀仍在佳鐸手裡。

在香品莊沿用了200多年的總部裡，收藏了極多舊年代的釀酒用具，例如一套大型的路軌系統，上面放著一些大銅碗，酒就在裡面移來移去。更有趣的是看見當年的非常摩登，只有大酒商才能負擔的「新器材」，例如一個大型的濾罐系統，原來當時的人會將酒放進去濾罐，將冰和鹽放在外層的酒桶，那麼酒的面層就會結成冰，這些冰是純水，會棄掉。原來是一個將酒濃縮的用具！

Meurgey 家族熱愛葡萄酒，尤其愛飲舊酒，「但人們都太習慣新世界那種果香重、味道濃的風格。」莊主 Pierre Meurgey 感慨地說。為免舊酒賣出去被誤解或糟蹋了，他們很積極辦酒宴，事前正確地將酒處理，讓酒在盛放時才讓賓客品嚐，同時配上適合的食物，讓客人能真正了解舊酒的美。光是這份用心，就讓人感到他們是真正的愛酒人。

Beaune Champy

✉ 5, rue Grenier à Sel 21200 BEAUNE

☎ +33 (0) 3 80 25 09 99

@ eforterre@champy.com

🕐 周一至六，早上 10-12:30，下午 2-6。
聖誕節至新年期間休息。

👥 參觀 / 品酒 / 酒宴 / 商店

💲 參觀及品酒 €10起，酒宴 €70起

🚗 從伯恩市中心步行可達；火車：
Beaune 站

🌐 www.champy.fr

在香品酒莊，到處都是古老酒具，只要你有興趣，工作人員可以每件地向你解說它當年的功用。

Bouchard & Chanson
寶尚莊及香頌莊
城牆裡的乾坤

法國各地都保存了不少古跡，但像伯恩城的古城牆般完好卻實屬少見。「Dijon（第戎）從前也建有這種城牆，卻早已被居民拆掉那些大石來建房子了。」伯恩城的導遊解說到。因為伯恩城牆被大酒商們看中用來存酒，所以倖免於難。

國王的城牆

　　這巍峨的城牆和寬闊的護城河看似作為守護城中居民，實則為防止他們造反！名義上是法國一部份的布根地公國曾非常強大，一度將盧森堡、比利時和荷蘭等地吞併，不過布根地公爵 Charles le Temeraire 沒有兒子繼承王位，整個公國在十五世紀中才被法國國王路易十一半軟半硬地收回。伯恩城曾是布根地公國首都，人民都不服法國，所以路易十一才有這「圍城」主意。

　　城牆本是法國國王的，但在法國大革命後，被民眾變賣，布根地的大酒商立即搶購城牆。為甚麼？所謂城牆其實是城樓，寬闊的內部足可進行籃球賽。而城牆厚達7米（！），無論溫度和濕度全年變化也不大，更能隔絕震動，是天然的理想儲酒地。

　　其中一家擁有部份城牆的，就是創於1731年，目前布根地最大酒商 Bouchard Pere et Fils 寶尚父子莊。現在城牆上層儲新酒，地牢則主要儲舊年份酒，「去年才開了一瓶1846年 Mersault 一級田 Charmes 的白酒，仍相當好喝！」聽著介紹都要口水流。

　　在藏酒古堡裡鑽出來後，就會看見建於十九世紀的酒堡大宅，屋頂與伯恩醫院一般由搶眼的佛蘭芒風格彩色瓦片砌成，「雖說佛蘭芒風格來自荷蘭，但不少人認為這屋頂鋪瓦片的技術或者來自中國」。導遊小姐你不是拿我來開玩笑吧！？她笑著搖頭。

　　在品酒時，不要錯過酒莊最有名的出產自伯恩一級田的 Greves Vigne de l'Enfant Jesus（耶穌聖嬰葡萄園），據

Bouchard Pere et Files

✉ 15 Rue du Chateau, 21200 Beaune

☎ +33 (0) 3 80 24 80 24

@ contact@bouchard-pereetfils.com

🕐 英文參觀團——4月至11月，逢星期一至六早上10時／下午4時出發，其餘日子只設早上10時一團。需要預約。

👤 品酒／參觀／商店

$ 參觀由 €19起

🚗 從伯恩市中心步行可達；火車：Beaune 站

🌐 http://www.bouchard-pereetfils.com

說路易十四的母親一直不育，但一個布根地教會預言王后可以產子，後來當太陽王路易十四誕生時，教會就自己擁有最好的一片田命名為「Vigne de l'Enfant Jesus」，在大革命後被寶尚購下，以後一直生產優秀的酒。

平實卻精彩

另一家很值得參觀的城牆大酒商就是 Chanson Pere et Fils 香頌莊。創於1750年的香頌同樣是區內其中一家最老酒商，一開始同樣不光賣酒，同時也賣芝士等本地農產。

香頌一直都發展得不錯，在43公頃的土地裡佔了25.3公頃是一級葡萄園。不過到了上世紀末，香頌沉寂了好一段時間，這時香檳廠 Bollinger 因了解他們的潛質，毅然將酒莊買下，並大力發展。香頌的參觀部份或許較平實，但品酒部份卻很精彩。酒莊最有名的旗艦酒包括紅酒 Beaune Clos des Feves 以及白酒 Corton-Vergennes。

Chanson Pere et Fils

10 Rue Paul Chanson, 21200 Beaune

+ 33（0）3 80 25 97 97

chanson@domaine-chanson.com

全年，需要預約

參觀／品酒／商店

參觀 €10起

從伯恩市中心步行可達；火車：Beaune 站

http://www.vins-chanson.com

那屋頂上綠色、橙黃色和紫黑色排成波浪紋圖案，原來反映著葡萄藤滋長、成熟和冬眠的三個階段。

Patriarche Pere et Fils
帕堤亞莊
試酒碟繫在胸口的老婆

在布根地，很容易就可以看見Tastevin這傳統試酒碟的蹤影。在玻璃杯還未流行以前，人人都用這種金屬製的小碟品酒。

在金屬的映照下，酒的顏色就容易看清楚。為了反映得更清楚，碟底一般會刻著不同的花紋，例如盛紅酒的和盛白酒的碟就不一樣，因不同的折射需要，底部刻著不同花紋，非常講究！據本地導遊說，從前布根地男孩出生時，孩子會獲得試酒碟作禮物，而女孩卻只會得到一隻銀製水杯。始終從前釀酒的期望和責任只落在男孩的頭上。

從前釀酒師們都會以絲帶將自己的試酒碟掛在頸上，到哪裡品酒就將頸上的寶貝遞出去盛酒，一個老釀酒師跟我說，「試酒碟永遠不會借別人用，就像老婆一樣！」怪不得從前很多人都會找匠人訂造獨一無二的款色，最常見就是刻上葡萄藤的圖案或個人簽名，並以銀製作。現在很多區內博物館都收藏了不少這些已升值不少的試酒碟。

這漂亮的小器具並不完全是古董，到了今天在一些大型試酒會裡，仍會看見有些念舊的布根地人以試酒碟品酒。你也想嚐嚐試酒碟盛酒的滋味嗎？那你就一定要到帕堤亞莊，這裡不單有商店出售布根地特色食物和器具，而且所有參觀著都獲贈一隻試酒碟作品酒用！這個參觀經歷也很有趣，這裡只有電子導遊，卻是伯恩城唯一一個有中文解說的酒莊。

Patriarche Pere et Fils

✉ 5-7 rue du college, 21200 Beaune

📞 +33 (0) 3.80.24.53.78

@ contact@patriarche.com

🕐 全年早上9:30-11:30，下午2-5，1-3月份周末及公眾假期休息，12月24/25/31日休息

👥 參觀／品酒／商店

💲 參觀 €15起（送試酒碟），18歲以下免費，但不准品酒

🚗 從伯恩市中心步行可達；火車：Beaune站

🌐 www.patriarche.com

在布根地，你會常常遇上這造型古典的試酒碟。

🍇 小知識

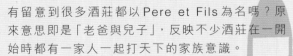

Pere et Fils

有留意到很多酒莊都以Pere et Fils為名嗎？原來意思即是「老爸與兒子」，反映不少酒莊在一開始時都有一家人一起打天下的家族意識。

在進入帕堤亞酒莊的地窖前，就可以看到這幅有關豐收的宏偉壁畫。

帕堤西是區內規模最大的酒商之一，創於1780年，是老酒商的一份子，每年出售的酒多達6,000萬瓶。藏酒量也極大，光在酒窖這裡已有300萬瓶。她們沒有藏酒條件完美的城牆，但擁有同樣完美的地窖。藏酒隧道建於十三世紀，四通八達像個蛛網迷陣，原來這隧道長達5公里，是區內最長的地窖，幾乎可與香檳莊的比拼。別因為這是自助參觀就不按指示到處亂走，迷了路別人要救你也難！另外，這裡品酒也是自助的，當然你不能將人家瓶子都喝光，但假如喜歡，多喝一點還是可以的，小心別喝醉就好！

Hospices de Beaune 伯恩濟貧醫院
醫院治病也釀酒

若沒有參觀過伯恩濟貧醫院，差不多等於沒有到訪過伯恩城。這座漂亮的醫院採用了十五世紀流行的火焰式歌德建築風格 (Flamboyant)，在每個塔尖上都呈現著龍飛鳳舞的雕刻工藝，同時用上了當時流行的荷蘭佛蘭芒 (Flemish) 風格的彩色屋頂，單是外觀已叫遊客無可抗拒。

適合類型
所有類型

　　醫院的緣起來自布根地大公國第三任公爵 Philippe le Bon 的主要謀臣 Nicolas Rolin。曾幾何時，名義上屬於法國的布根地公國強得可與法國匹敵。不過在繁榮背後，仍敵不過中世紀公共衛生落後的現實，一旦患病，半隻腳已踏進鬼門關。Nicolas Rolin 深受其苦，他的兩位夫人先後在如花的年齡因病玉殞，他很愛自己的第三位夫人，她勸他建造醫院救助貧苦並研究醫藥，因此在 1443 年就誕生了這家醫院。醫院不收分文，因成功救了不少人，聲名很好，結果越來越多富家病人也來求醫，他們當然不會白白接受

📮 **Hospices de Beaune**

✉ 2 Rue de l'Hotel Dieu, 21200 Beaune

📞 +33 (0) 3 80 24 45 00

🕐 三月中至十一月中，每天 9:00am-6:00am；其餘日子：9:00am-11:30am 及 2:00pm-5:30pm

🌐 www.hospices-de-beaune.com
（全法語網址）

📮 **布根地名酒品酒會**
Fete des grands vins de Bourgogne

✉ Palais des Congres (19, avenue Charles de Gaulle - 21200 BEAUNE)

💲 品酒 €25，晚飯 €50

🌐 活動 www.fetedesgrandsvins.fr（可網上訂票，但全法文網站，有需要請使用翻譯軟件/網址幫忙）

在「布根地名酒品酒會」裡，很多人也喝到面紅紅才捨得走！我還算淺嚐而已，大部份都吐了。

醫院恩惠，治好病後紛紛向醫院大力捐贈，例如貴重藝術品，也有捐田地和葡萄園，當中以葡萄園最實際，因為每年收成後賣酒也能為醫院帶來穩定收入。

為了透過葡萄酒得到更大的收益，醫院在1859年舉行了第一次慈善拍賣，共賣了189桶酒。現在醫院擁有約63公頃葡萄園，其中不乏頂級和一級葡萄園，每年拍賣出的酒增至700至1000桶！酒總是一桶一桶地賣，每桶大約300支。他們拍賣的形式也很好玩，每開始拍賣一桶就點亮一根蠟燭，直至蠟燭熄滅才落實最後價格，不過近年在拍賣行佳士得的主持下，為了加快拍賣節奏，就變成用一個類似打火機的玩意。每年拍賣在11月的第三個星期日舉行，若對拍賣感興趣，可以參與嗎？很抱歉，只有業內或獲邀請人士才能進場參加拍賣，否則只能伏在拍賣會堂的窗門上看過究竟！

雖然沒法參加拍賣，但每年拍賣前的三天裡，都會舉行「布根地名酒品酒會（Fete des Grands Vins de Bourgogne）」整個會場會以村莊為單位，包羅大部份的酒莊出品，另外還會有主題推介的酒莊或酒款。就現場所見，明星酒區如 Vosne-Romanee、Morey-Saint-Denis 等的專區前堆滿了人。這樣做其實也有道理，若晚了，參展的酒都被喝完了！我也喝到好些 Clos de Vougeout 和 Grands Echezeaux 的特級葡萄園美酒，更可以一連好幾個不同酒莊去試呢！

除此以外，在拍賣的前後幾天，整個伯恩城都在開嘉年華，有展銷攤位，還有數之不盡的街頭歌舞表演，個別酒莊更舉行特別參觀活動，喝酒的機會多的是，絕不會讓遊客失望。

在伯恩醫院裡，大廳放置了很多模型，重現古代時的情況。

Bouchard Aine et Fils 寶尚安勒莊
不一樣的品酒之旅

若一道菜要達到美食的水平，就必須要做到色香味俱全，其實酒也一樣，除了色香味，飲家更要求美酒要有好的觸感。還在品酒初班的你想要學懂何謂美酒？

適合類型
第二型 美食探索型

那你就不能錯過寶尚安勒莊的「五感之旅 (Tour of the five senses)」！進入昏暗的大宅地牢以後，迂迴的通道就開始純感觀的新穎品酒旅程。要看清在品嚐的酒的顏色嗎？將酒湊近白色燈箱去。聽聽鳥語和剪枝的聲音，嗅嗅果仁、水果和香料等各種酒裡可聞到的香氣，之後便來到達最有趣的觸感的部份，先用手輕輕撫摸各種布料包括絲絨、絲綢和皮草等，告示牌便會告訴你舌尖上有絲綢觸感的是 Corton 特級田，有皮草質感的是 Gervey-Chambertin，非常有趣！看過聽過聞過摸過以後，味覺挑戰呢？基本會品試一款白酒，三款分別為村級、一級田、特級田的紅酒，還有一款黑加侖子杏仁甜酒。能否多試幾款就看你與介紹小姐是否談得來了！

這裡除了賣酒，也賣精美紀念品，例如多款酒莊自製海報。海報並非在硬銷酒莊形象，卻是一些關於品酒的實用知識以漂亮的圖畫表達出來。例如不同葡萄的酒你喝得多，但你知道各種葡萄串和葉子的顏色和形態都相當不同嗎？在一張圖上一口氣展示 42 款法國的釀酒葡萄，即使沒有立志釀酒，只要你愛酒，就會覺得相當過癮。

這裡保存了不少舊用具，例如在木箱上噴名用的金屬牌。

Bouchard Aine et Fils

✉ 4, boulevard Marechal Foch, 21200 Beaune

📞 +33(0) 3 80 24 24 00

@ bouchard@bouchard-aine.fr

🕐 參觀團每日早上 10:30, 11:30，下午 2:30, 4:00, 5:30 出發，可選英語或法語，請先預約。三月至十二月一星期開放七天，一月及二月逢周一休息。

👤 參觀／品酒／酒宴／商店

💲 參觀遊由 €9.50 起，酒宴由 €67-127（包免費參團遊）

🚗 從伯恩市中心步行可達；火車：Beaune 站

🌐 www.bouchard-aine.fr

Bouchard 也又係你？

有發現酒莊名 Bouchard Aine et Fils，跟之前談過的 Bouchard Pere et Fils 串法好像一樣嗎？難道姓 Bouchard 像我們姓陳？事實上這個 Bouchard 正是那個 Bouchard 的兒子！ Aine 就是長子的意思。這個名叫 Joseph 的長子與父親一起在 1731 年創辦 Bouchard Pere et Fils，一直是父親的得力助手。後來為甚麼分家？不得而知也不足為外人道，不過今天這酒莊自己獨當一面，也算是成功為家族開枝散葉。

Albert Ponnelle 譜樂莊
小酒莊的好滋味

伯恩城是大莊的集中地，但其實也有不少不容忽視的精彩小酒莊。位於伯恩城連接城外主幹道上譜樂莊就是這樣一家酒莊。

適合類型
第一型 無酒不歡型

創於1850年的酒莊現在傳到第四代，英俊的少莊主Pierre操流利英語，幸運的話可能在參觀時獲得他親自招待！這個家庭式酒莊沒有花巧或宏偉的建築，但地底酒窖卻是由以釀酒聞名的西多修會在十四世紀所建造。由於光線昏暗，大部份時間莊裡的人都會以典型的布根地燭台引領客人逛酒窖，讓遊客體驗到古人的感覺。

來這裡參觀的最大原因是這裡的酒好喝，而且他們以生物動力法造酒，對健康有益。反正來到伯恩城，實在不妨稍事停留，認識一個用心做酒的小酒莊。假如喜歡這個風格的酒，莊裡的人英語都不錯，無論問問今年田裡的天氣，還是想要試試仍在陳釀中的新酒，只要你願意提出問題或要求，莊中的人大概都歡迎。

Albert Ponnelle

38, Fbg st Nicolas, 21200 Beaune

+33 (0) 3 80 22 00 05

info@albertponnelle.com

逢周一至五，上午8:30-12:00，下午1:30-6:00。六至十月期間周末也開放。

參觀 / 品酒 / 商店

免費（但假如喜歡，最好光顧1-2瓶以示對酒莊的認同）

從伯恩市中心步行可達；火車：Beaune站

http://www.albertponnelle.fr

第一次被真蠟燭領到酒窖品酒，就在此莊。

在伯恩城內可供參觀的酒莊

La Boutique Louis Jadot 路易佳鐸

路易佳鐸是布根地區其中一家最大型的酒商,酒莊財力雄厚,直至今天仍不斷增購區內特級和一級葡萄園的土地,令品牌的聲望越來越高。離伯恩市中心1公里的路易佳鐸新店在2013年中才開幕,在簇新的商店遊人可以品嚐到酒Jadot,幾乎涵蓋整個布根地每個角落的出品,無論熱門還是冷門的村,罕有的頂級葡萄園還是陳年佳釀,在這裡都買得到。若想參觀釀酒設施,敬請預約。

La Boutique Louis Jadot
62 route de Savigny, Beaune
+33 (0) 3 80 26 31 98
visit@louisjadot.com
參觀 / 品酒 / 商店
www.louisjadot.com

Domaine Lycee Viticole de Beaune
葡萄酒學院(酒莊)

花一個上午在伯恩城旁的山上遠足,感受一下葡萄園的美和俯瞰伯恩城,不失為一項理想活動。想踏著葡萄園學習本地風土?那就一定要到葡萄酒學院的酒窖,索取一份免費地圖連指南,連同山上的指示牌感受各個一級葡萄園的風貌。學院另提供不同的導賞和品酒服務,並可參觀學生的上課情況,不失為另類葡萄酒體驗的選擇。

Domaine Lycee Viticole de Beaune
16, avenue Charles Jaffelin, 21200 BEAUNE
expl.beaune@educagri.fr
www.lavitibeaune.com/TravauxDomaine.html

Domaine Dufouleur Lois 杜福里羅亞莊

或許莊主 Philippe Dufouleur 和他的太太 Anne-Marie Dufouleur 擁有的酒莊並不算大,但5公頃地之中亦有不少優秀好地如一級葡萄園 Clos de Roi。但最叫人喜歡的是他們精彩的旅館,因為對摩洛哥的熱愛,布置用上很多顏色鮮艷的馬賽克和彩色玻璃,提供的早餐當然包括不少自製的醬料,主人更樂於跟你談葡萄種植的種種。

Domaine Dufouleur Lois
contact@domaineloisdufouleur.com
www.domaineloisdufouleur.com/en

Cotes de Nuits
夜丘

在黑夜裡閃閃發亮的紅寶石——夜丘
是因為最高貴的酒總在夜幕低垂以後品嚐？
是因為寶石色的紅酒讓人想起夜色？
總之，夜丘，就是布根地紅酒 Grand Cru 的代名詞。

線上地圖

夜丘

酒莊位置

❶ Domaine Rene Leclerc
❷ La Table de Pierre Bouree Fils
❸ Domaine Trapet Peres et Files *p105*
❹ Philippe Leclerc *p105*
❺ Domaine Bertagna *p107*
❻ Chateau du Clos de Vougeot 梧玖堡 *p107*
❼ Domaine Francois Gerbet
❽ Domaine de la Romanee Conti 康帝莊 *p108*
❾ Domaine Anne Gros *p109*
❿ Domaine Armelle et Bernard Rion
⓫ Domaine Maurice Gavignet
⓬ Chateau de Villars Fontaine *p112*

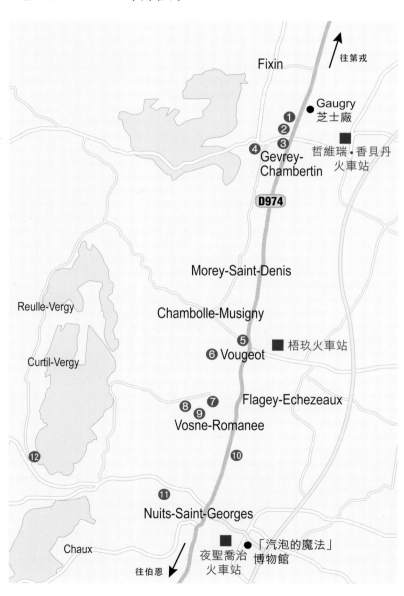

Fixin

往第戎

Gaugry 芝士廠

❶
❷
❹ ❸
Gevrey-Chambertin

哲維瑞•香貝丹 火車站

D974

Morey-Saint-Denis

Reulle-Vergy

Chambolle-Musigny

Curtil-Vergy

❺
❻ Vougeot

梧玖火車站

❽ ❾ ❼

Flagey-Echezeaux

Vosne-Romanee

❿

⓬

⓫

Nuits-Saint-Georges

Chaux

往伯恩

夜聖喬治 火車站

「汽泡的魔法」博物館

Gevrey-Chambertin
哲維瑞·香貝丹

布根地酒與不少國王有千絲萬縷的關係，因為布根地位於前往巴黎、即王宮的主要朝貢和補給幹道上，若要南下出征，也必經布根地。例如說起哲維瑞·香貝丹 (Gevrey -Chambertin)，少不免說起拿破崙的事跡。

據說拿破崙年輕當砲兵時曾駐守黃金丘，因此認識此生最愛的香貝丹。後來即使南征至埃及，還是北討至俄國，他都必須帶同這愛酒。據說他在俄國時曾失竊一批香貝丹，而這批「被盜」的酒後來陸續回流到法國，數目較整個產區的產量要多幾倍！假貨的出現反映當時這「帝王的酒」有多時尚。不過若你知道拿破崙的喝酒習慣，你可能會大罵暴殄天物，因為他總是將酒調入一倍的水去喝！但你怪不得他，因為這是那時代的喝酒習慣。

哲維瑞·香貝丹位處夜丘的中部位置，只出產由黑皮諾釀製的紅酒。這村擁有 26 個一級葡萄園，9 個頂級葡萄園，頂級葡萄園數量是布根地之冠。在酒標上，由這區生產的酒一定會標上「Gevrey-Chambertin」或「Gevrey-Chambertin Premier Cru」，有時後面會接著田地（Climat）的名字，至於頂級葡萄園出品，會標上「Grand Cru」字樣，不會再寫村名，只會著明田名，最有名的是 Chambertin 和 Chambertin-Clos de Beze。其他布根地村莊也有相同的處理。

香貝丹酒以色深、澎湃和有力而聞名，特別是頂級葡萄園，擁有豐厚的陳年條件，建議最少陳放 15 年才喝，以免「殺死嬰兒」。

Clos de Beze 是香貝丹其中一片最有名的 Grand Cru 田。

可供參觀酒莊

Philippe Leclerc 香貝丹與占士邦

　　典型的香貝丹一向以男性化見稱，在有力和飽滿之中不失細緻優雅，大概就是占士邦。在一位轉職導遊的本地釀酒師帶領下，竟而我真的在這裡找到占士邦的身影！

　　在小酒莊 Philippe Leclerc 裡，由外牆的花卉，至可愛的松鼠標本和將酒桶由地牢吊上地面的舊式木製起吊臂，一切都叫人感到好奇。在近門口當眼處，更放了一張莊主與第一代占士邦辛康納利的愉快合照。據說辛康納利每年都會到訪布根地。有個性的他曾公開拒絕為蘋果賣廣告，連喬布斯也不賣帳，看來能讓他願意合照作生招牌，Philippe Leclerc 應深得他心。

　　Philippe Leclerc 只 在 Gevrey-Chambertin 和 Chambolle-Musigny 擁有田地，非常專注，也特別了解這區的特質，酒表現出典型香貝丹有力而濃郁之餘，更有細緻的香料味。

莊主多年前與辛康納利的合照，現在仍放於酒莊的當眼處。

 Philippe Leclerc

 參觀／品酒／商店

 http://www.philippe-leclerc.com

Domaine Trapet Pere et Fils

這家以生物動力法耕作的酒莊是哲維瑞區有名的酒莊，他們在 08 年的村級酒更得到國際葡萄酒雜誌《Decanter》給予 20 分滿分的殊榮。熱情好客的莊主希望將自己的理念跟客人們分享，因此提供葡萄園野餐服務，以本地的凍肉、芝士和麵包配上自家出品的葡萄酒，另外也提供旅館住宿服務。

 Domaine Trapet Pere et Fils

 message@trapet.fr

 參觀／品酒／午餐／住宿

 http://www.domaine-trapet.fr/en

Vougeout
梧玖

說到 Vougeout（梧玖，根據其法文讀音香港人打趣叫它「污漕」），
大家自然會把目光集中在那全布根地最大、被牆圈著的頂級葡萄
園 Clos de Vougeout，而田園正中心神聖而古雅地矗立著的梧玖堡
（Chateau de Vougeout）更是遊客熱點。

　　這幅圍牆和堡壘由獨具慧眼的西多修會興
建，這片全布根地第一片由教會以石牆圍起的
地，出品一直享負盛名。在法國大革命後，地賣
到商人手上，接著因為分家和賣散等原因，業權
逐步分散，最終來到今天，一片不到50公頃的
地已分到80多家酒莊手上！擁有最少地的酒莊
只擁有可憐的兩行葡萄藤，每年只夠產酒一箱。

　　梧玖本身是一條產酒村，同時出產紅酒和白
酒，並擁有四個一級葡萄園，而頂級葡萄園 Clos
de Vougeout 只出產紅酒。Clos de Vougeout 佔
地甚廣，傳說越接近頂部質素越佳，說最頂是給
教皇喝，中間給貴族喝的。不過誰釀的可能更重
要，寶尚父子莊與 Domaine Anne Gros 是不錯的
選擇。

莊嚴的梧玖堡象徵了布根地酒莊的榮譽與歡愉。

其他可供參觀酒莊

Chateau du Clos de Vougeot 梧玖堡

來到夜丘，梧玖堡都可算是個必遊景點。在這裡你可了解中世紀時西多修會如何叱吒風雲。自十二世紀開始在這裡種田，然後建那巨大的榨汁機和酒窖，酒堡是修會重地，當然還少不得漂亮的禮拜堂。現在這酒堡是不屬於教會，但仍密集地舉行「崇拜」——說的是以酒神為「上帝」的一眾「試酒碟騎士」，因為這裡是布根地最重要葡萄酒愛好者協會試酒碟騎士協會（Confrerie des Chevaliers du Tastevin）的總部！

這個組織以推廣布根地酒為己任，除了常常聚在一起大吃大喝，更每年在春季評審出年度優秀酒，稱為「Tastevinage」。或許你沒有機會嚐到那協會著名的盛大晚宴，但也可能在參觀梧玖堡時聞到廚房裡傳出的香濃肉湯味，因為廚子正在泡製有名的前菜紅酒煮蛋。有名除了因為好吃，更因為大廚竟能一次過製作600份，即1200顆紅酒牛肉汁煮水波蛋同時上桌，想想也覺得驚人！

 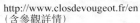

Chateau du Clos de Vougeot

http://www.closdevougeot.fr/en
（含參觀詳情）

Domaine Bertagna

這區開放參觀的酒莊較少，這家由德國人擁有的酒莊距離梧玖堡只有數百米，他們種的地由哲維瑞·香貝丹至 Aloxe-Corton，橫跨好幾個產區，但最主力在出產梧玖村的酒，不單擁有頂級葡萄園 Clos de Vougeot 的地，在村裡四片一級葡萄園中他們在其中三個裡擁有田地，亦有出產村級酒，在這裡可一次過嚐遍梧玖村的不同面貌。另酒莊設有漂亮商店和小旅店。

在 Domaine Bertagna 的家徽上，同時可看到德國和英國的象徵。

Domaine Bertagna

參觀／品酒／商店／住宿

http://www.domainebertagna.com

Vosne-Romanee
馮內・羅曼尼

對我們這些不是在布根地長大的人來說，要記住田名殊不容易。
卻有幾片例外的，如 Romanee-Conti、La Tache、Richebourg、
Echezeaux 和 Grands Echezeaux 等*，每一個愛酒人都能朗朗上口。

除了因為地本身無與倫比的風土條件，也因為這幾片頂級葡萄園在神級酒莊康帝 Domaine de la Romanee-Conti（DRC）的培育下，既精緻又罕有，最後變成像神話般的存在。康帝象徵著布根地夢幻而高不可攀的一面，別說參觀，酒莊低調得連門牌也不釘。拒人千里除了因為供應非常有限，有當地人跟我說其實為了防盜！真不得了。

幸好 DRC 有些平易近人的好鄰居。馮內・羅曼尼區（連同 Flagey-Echezeaux 村）坐擁 8 個頂級葡萄園，喝不了康帝獨佔的如 La Tache，還是可以喝由其他酒莊出產的 Richebourg 和 Echezeaux 等。別忘了這區還有 15 個一級葡萄園，當然還有出產村級酒。曾有人將地理分布長長的黃金丘酒區比喻為項鍊，中央的珍珠吊墜就是馮內・羅曼尼了。即使村級酒，大概也不會叫你失望。

*Echezeaux 和 Grands Echezeaux 位於村莊 Flagey-Echezeaux。根據 Echezeaux 的法文讀音，香港人開玩笑叫它「牙擦蘇」。

Domaine Anne Gros
意外地親切的葛羅小姐

在布根地，葛羅（Gros）家族肯定是其中一個最讓人頭痛的名字，因為一個家族分出四個酒莊來！葛羅家在1830年發源自馮內‧羅曼尼，因為早著先機，Richebourg、Clos de Vougeot 和 Grands Echezeaux 等頂級好田都拿在手上。

適合類型
第一型 無酒不歡型

葛羅寶其中三個莊的酒標：

Domaine A. F. Gros

Domaine Anne Gros

Domaine Gros Frere et Solur

　　這個極具前瞻性的家族，祖先不單買下良地，更早人一步採用先進的葡萄種植技術。這個家族人口繁盛，族裡的人對釀酒的熱情一直不減，不過就是各有想法，所以來到第六代，就分成現在的四家酒莊。

　　每家 Gros 都獨當一面，其中 Domaine Gros Frere et Soeur 在酒標上繪了隻金盃讓飲家最深刻，而 Anne Gros 這家由女生當莊主的莊不單巾幗不讓鬚眉，而且對遊客非常友好，標榜「酒並不是富豪的消費品，而是一種生活態度」。為了讓遊人體會布根地的好生活，她開設了一家民宿，有時更親自介紹本區的風土和自家釀酒設施！只有深切的體會才能造到好酒，Anne 跟我分享她對黑皮諾的獨特體會，「它很脆弱而且難以掌握，只要做錯少許，結果可以立即變成災難性的，做得正確的話卻是無與倫比的美味，它的表現是那麼的細緻與熱情」。她的造酒哲學簡單直接，就是每顆葡萄都要完美，例如是否擁漂亮的成熟度和酸度。當然說起來只是一句說話，但背後就是日復一日的認真功夫了。

Domaine Anne Gros

11, rue des Communes - 21700 Vosne Romanee

+ 33 (0) 3 80 61 07 95

domaine-annegros@orange.fr

全年，8月及聖誕節除外

參觀/住宿

雙人房每晚 €90 起，連早餐；須入住才可預約 Anne Gros 帶領的參觀，費用 €50（這是團體總價，最多10人一起參觀）

駕車；火車：最接近的火車站為 Vougeot，距離約4公里

http://www.maison-lacolombiere.com/en/presentation.htm

Nuits-Saint-Georges
夜聖喬治

伯恩丘取名自地區重鎮伯恩，而夜丘則取名自夜聖喬治，可見這個鎮在區內的地位。夜聖喬治與伯恩不單都是地區樞紐以及酒業貿易重地，而且夜聖喬治同樣也每年舉行葡萄酒慈善拍賣會，不過舉行日子變成每年春天三月。

這個拍賣會較伯恩名氣稍遜，並非由佳士得主持的國際性現代化拍賣會；不過卻仍以傳統的蠟燭計時進行拍賣，最重要的是一般人也能參與，很平易近人！即使沒有購買原桶新酒的打算，遊人只要付上 10，就可以像專業人士一樣品嚐去年不同田地出產的新酒，估計一下酒的潛質。拍賣期間，鎮上不單有大型慶祝活動，更會舉行半馬拉松比賽。在布根地，葡萄酒代表好客和歡聚，夜聖喬治總發揮著這核心精神，難怪愛酒人協會「試酒碟騎士協會」在1934年在這裡成立！

從前夜聖喬治只以夜（Nuits）為名，到了二十世紀初，才將鎮上最有名的田地加進名字去，變成夜聖喬治。當時把田名加到鎮名上是一種潮流，只要細心留意，就可發現不少黃金丘一帶的村名都以這個方法起名。例如原名哲維瑞（Gevrey）和馮內（Vosne）也分別加上了田名。夜聖喬治擁有41片一級葡萄園，沒有特級葡萄園。至於最有名的一片葡萄園，當然是聖喬治（Saint-Georges）！

在夜聖喬治鎮上遇上的一家小教堂。樹修剪成這個特別的模樣，是為了教堂完整地露出來吧。

l'Imaginarium「汽泡的魔法」博物館
超乎想像的布根地汽酒

說到法國汽酒，很自然就聯想到香檳，但事實上布根地也出產不少優質汽酒！布根地汽酒 cremant de bourgogne 是區級酒，意思是全個布根地也可以釀造，但在酒瓶上不能標明來自哪條村或田地，並必須是在瓶中作二次發酵的傳統釀造汽酒方法。

適合類型
第三型 文化藝術型

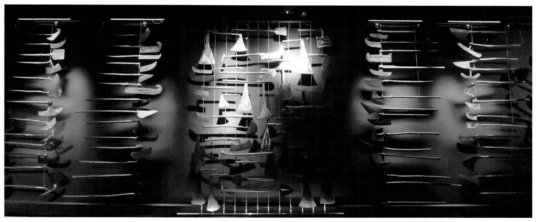

在圖片上，你只能感受到其中一半的藝術感。除了漂亮的擺放陳列，現場更有燈光效果和音樂配合古老農具們出場。厲害吧。

布根地採用的汽酒葡萄造法與香檳區大致相同，差異主要在風土裡。布根地在香檳區以南超過100公里，因此平均溫度較高，日照時數較長，令葡的糖份較高，味道自然不會那麼酸和尖銳，卻偏向豐滿有力。假如要比較香檳和布根地汽酒，我想前者就像是在時裝天橋上骨感身材風采亮麗的模特兒，後者就像帶點嬰兒肥笑容甜美的鄰家女孩；你喜歡哪個？

只要你喜歡汽酒，就絕對可以花一個下午在這個「汽泡的魔法 l' Imaginarium」博物館玩玩。這裡分兩部份，介紹汽酒造法的一面是個像太空艙般的科幻世界，你可以這邊玩轉瓶，那邊跑去香氣機關聞聞在汽酒裡的各種香氣。另一面是有關布根地釀酒歷史的博物館，最精彩是那將舊農具陳列的方法，配以精彩的音效和燈光，簡直是一場像裝置藝術展覽，叫人大開眼界。

l' Imaginarium

✉ Avenue du Jura - 21700 Nuits-Saint-Georges

📞 +33 (0) 3 80 62 61 40

🕐 上午10時至下午5:30，逢星期一、聖誕日及元旦休息

👥 品酒、參觀展覽、工作坊（十人以上）、有酒和相關產品出售

💲 品酒 €8- €15，團體 €7

🚗 Nuits-Saint-Georges 火車站步行15分鐘

🌐 www.imaginarium-bourgogne.com

Chateau de Villars Fontaine
在那夢幻一夜喝過
處女的味道

我幾乎愛上 Chateau de Villars Fontaine 的老莊主 Bernard 了。70 歲
的他不單活力充沛，而且自信而風趣。 Bernard 以傳統釀酒法造
酒，常常強調「那些釀好幾年就能喝的酒不要喝，下了很多化學
東西！別看我的酒被那些酒評雜誌打低分，只是我堅持不釀那種
酒罷了。」

這裡的出品就像老莊主 Bernard
一樣，喝起來遠較真實年齡年輕。

微微的失落中透出更多的是自豪。在他的酒窖兼商店裡，隨隨便便你就能品嚐99年的粉紅酒，不單這麼老仍能喝，更充滿香料和蜜糖香和鮮爽的味道！再來可能是87年的白酒，豐富的烘烤麵包香和果香，加上富含礦物和平衡的酸味，跟她的創造者一樣，簡直像個青春不老的玉女。除了黑皮諾和霞多麗，這裡更有較少見的加美gamay（紅）和亞利歌蝶aligote（白）。

這個酒莊附設一家很漂亮的酒堡B&B，貨真價實的古堡式大宅，五個房間都有不同的設計，像帶廉子的大牀、水晶吊燈和手工地氈自然少不了。酒莊距離夜聖喬治不過三公里路，無論開車或踏單車距離也都相當近。幸運的我得到莊主的招待住宿，更跟莊主和他的家人共進晚餐。

晚餐後談得高興，帶點醉意的Bernard繼續開酒，他首先開了一支來自Clavelier莊1991年的Chambertin Grand Cru，再累也難以抗拒！還沒喝完，他就興奮地再開入選品酒碟騎士會（chevalier du tastevin）年度酒的1983年自家出品！為了立即能喝，他竟在開瓶後以加速醒酒器醒酒，讓我看傻了眼。面對這種老酒，一些飲家連大力搖杯都怕弄散香氣呢！結果兩瓶酒都美味得像在吃一盆最精緻的法國菜，紛陳而晶瑩的味道讓每一口都是一份豐富多采的體驗。醉意甚濃的Bernard毫不掩飾法國男人好色的一面，你道他如何形容這兩款的小甜心？「太美味了，這瓶（91年）就像女人的wet pussy，這瓶就像處女的pussy！」……（汗）但這也形象化地説了這兩瓶酒有多好喝，不是嗎？

Chateau de Villars Fontaine

10, rue des Beveys - 21700 Villars-Fontaine

+33 (0) 3 80 62 31 94

contact@chateaudevillarsfontaine.com

周一至周六，早上9-12，下午2-5

參觀 / 品酒 / 商店 / 住宿

參觀及品酒免費，需要預約

駕車

http://www.chateaudevillarsfontaine.com

像處女般嬌嫩甜美的酒，嘿。

🍇 **小知識**

獨特的上夜丘產區

這酒莊雖然相當接近夜聖喬治，但卻屬於上夜丘產區（Hautes Cotes de Nuits AOC），分級屬區級酒。這產區在夜丘以西，位於山上的森林一帶，出品以有力並具古代教會酒風，別具個性。

Cote de Beaune
帝皇白酒伯恩丘

線上地圖

伯恩丘

無論你最愛屬於查理曼大帝的歌頓白，
還是最仰慕頂著康帝光環的蒙哈榭白，
要找世上最頂級的白酒，總離不開伯恩丘。

酒莊位置

❶ Domaine D'Ardhuy 亞都依莊 *p117*
❷ Chateau de Corton Andre 彼爾安德列莊 *p117*
❸ Domaine Senard 塞納伯爵莊 *p116*
❹ Domaine Parent 柏康莊 *p119*

❺ Chateau de Pommard 波瑪堡 *p119*
❻ Chateau de Chassagne-Montrachet 夏山蒙哈榭堡 *p121*
❼ Caveau de Chassagne Montrachet 夏山蒙哈榭酒窖 *p121*

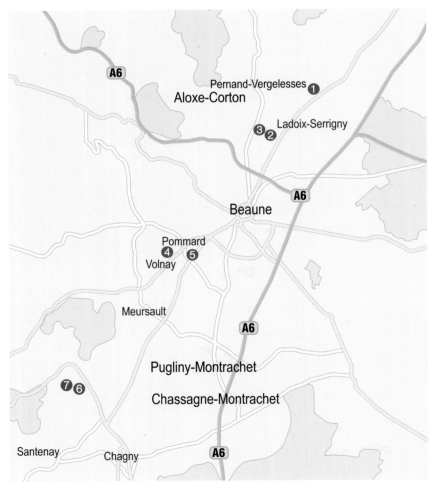

Corton-Charlemagne
在哥頓山頭上顛紅為白

喝法國葡萄酒，彷彿在喝歐洲歷史，例如在哥頓山頭上，我們找到了偉大的神聖羅馬帝國查理曼大帝的蹤影，Corton-Charlemagne 就是只出產白酒的頂級葡萄園。

從這故事，首先讓人發現哥頓山種酒的歷史超級悠久，因為查理曼是公元768年當上法蘭克王國的國王，即在1,200多年前哥頓山已以酒聞名！雖然法蘭克王國在查理曼手上時，領土遍及法國、德國及周邊很多國家，但這大帝出名樸素，不穿華美衣服，身為虔誠基督徒的他，只愛喝酒。據説他特別鍾情哥頓山的紅酒，但大事精明的他卻有點笨，喝酒時常使酒滲到他的大鬍子裡，繼而弄髒他素淨的衣服，王后為免他失儀，就叫人改種白葡萄，怎料釀出來的酒更好喝！

在775年查理曼把這裡幾片田送給當地一個小修會，修會就以他的名字為田地命名，並一直源用至今天。

除了查理曼，山上還有種紅酒的頂級葡萄園哥頓，兩者佔據環繞山腰的有利位置。因為 Corton 及 Corton-Charlemagne 幅員甚廣，這2個頂級葡萄園分別被列入3個產酒村，分別是 Aloxe-Corton、Ladoix-Serrigny 和 Pernand-Vergelesses。有點難記？就忘記它吧！心思用來享受當下一口香醇吧。

有好幾天我不斷在夜丘來回走，每看見這塔尖，就知道自己已離開了夜丘，進入了 Aloxe Corton 村。

Comte Senard 塞納伯爵莊
雅緻的鄉村私房菜

甫到達塞納伯爵莊，迎接我的是可愛的粉紅色小平房、雅緻的庭園以及和藹的莊主 Philippe Senard，雖然來的目的是吃這裡馳名的鄉村私房菜，但與所有訪客一樣，我首先參觀了葡萄田和古酒窖。酒莊田地只有9公頃，但佔了5公頃是 Grand Cru！記得 Grand Cru 只佔全個布根地的2%嗎？

適合類型
第二型 美食探索型

　　在葡萄園繞一圈後，一個不留神就被莊主帶到一幢通往地底的樓梯，原來通往一個十三世紀地窖，「這是本篤修士造酒藏酒的地方，當年因黑死病，上面的建築被一把火燒毀，到曾祖父（創辦人）買地時，已無人知道這段歷史。一天他打算造個花圃，一把鋤頭鑿下去才發現另有乾坤！」地窖的歷史更是後來在附近教堂的本地文獻裡發現的。原來是被本篤修士選中的地方，難怪能種出好酒！

　　逛了這麼久，正進入餐廳以為開始午餐時，莊主在門口旁大玻璃盤堆著大堆的膠酒塞裡拿起幾個讓我看。膠？雖然傳統木塞其實為久存的酒帶來不少問題，但大部份人只接受木酒塞。「你道這種膠原本用來做甚麼？居然是人工心臟！既然能放在人體裡，也能存酒吧。」一個膠酒塞，就反映莊主敢於與他人不一樣的自信。

　　在這裡吃飯沒有菜牌，人家煮甚麼你吃甚麼才算私房菜吧！不過前菜總是歐芹火腿凍或海鮮凍，主菜離不開紅酒燴老雞和布根地紅酒燉牛肉，來布根地就要吃一次這樣的正宗家鄉菜才像樣，當然少不得精彩的布根地芝士。除了精緻的食物，即場還有侍酒師解答客人所有關於酒菜配搭，以至所有葡萄酒相關的提問，他們會認真講解每瓶你喝到的酒的風土，更會認真得拿著 Aloxe-Corton 地圖來解說各田地所在方位、坡度、受光情況等，真是寓吃飯於學習！若想真正感受風土，飯後不少人也會在哥頓山散散步，甚至遠足。

Comte Senard

✉ 1 Rue Des Chaumes 21420 Aloxe-Corton

📞 +33 (0) 3 80 26 40 73

@ office@domainesenard.com

🕐 每年2月至12月中，
餐廳逢星期日及一休息

👤 參觀/品酒/商店/餐廳（只供應午膳）

💲 午膳 €45起（4道菜及4款酒）

🚗 駕車；火車：距離火車站 Gevrey-Chambertin 約3公里

🌐 http://www.domainesenard.com
餐廳 http://www.table-comte-senard.com/en

那個在開墾花園時無端發掘出來的古代酒窖。

其他可供參觀酒莊

Domaine d'Ardhuy 亞都依莊

你怎麼知道自己已從夜丘進入了伯恩丘？開車時留意找找看亞都依酒莊，它就站在這分界上。在酒莊醒目的19世紀式大宅面前，就是Clos des Langres，雖然分級只屬村級，但這是在10世紀時克呂尼的修士所選定的，可見這片地有著它的獨特處。莊主相當好客，若事先預約，他們可以安排客人到葡萄園裡野餐！別錯過酒堡內充滿葡萄酒鄉味道的陳設，無論以酒瓶砌成的吊燈還是巨型古老榨酒器，也相當值得拍照。

Domaine d'Ardhuy

@ domaine@ardhuy.com

www http://www.ardhuy.com

Pierre Andre au Chateau de Corton Andre 彼爾安德列莊

在由夜丘開車前往伯恩城的主幹道上，在經過歌頓一帶時，右手邊會出現一個你不會錯過的漂亮佛蘭芒風格屋頂，這就是歌頓安第尼堡（Chateau de Corton Andre），彼爾安德列莊的酒堡。酒莊同時擁有區內白酒（Corton-Charlemagne）和紅酒（哥頓）的頂級葡萄園田地，除了 Aloxe-Corton 一帶的酒，酒莊的出品遍及整個布根地區。只要預約，就可以進入這宏偉酒堡的酒窖裡品酒，堡內並設小商店。

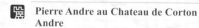

Pierre Andre au Chateau de Corton Andre

@ info@corton-andre.com

www http://www.pierre-andre.com/en

Pommard
玻瑪的升級革命

布根地頂級葡萄園只佔總面積的2%，物以罕為貴，若擁有一座頂級葡萄園，村莊亦與有榮焉。可是，傳說玻瑪村的農人當年（1936年）在評定產地評級（AOC）時，就拒絕區內最優秀的2個葡萄園被評為頂級葡萄園。

有不少葡萄會因為生長位置不對而不被採收，因此在冬季的枯枝上仍見枝頭掛果。

怎可能？因為當年再美的葡萄酒也只是尋常飲食，不像現在般可賣上天價，但稅率卻根據葡萄園級數來訂定。為了不吃眼前虧，他們拒絕了更高的評級；但現在輪到他們的子孫吃悶虧了！

近10多年不少人在努力為了原本應該獲更高評級的 Les Rugiens 和 Les Epenots 作升級奮鬥，可是就要被相關委員會重新丈量，例如泥土分析、被人品試出品等，這個過程短則十數年，長則數十年！雖然現在玻瑪仍未有頂級葡萄園，但古有布根地公爵和大文豪雨果的情有獨鍾（雨果曾很詩意地形容這裡的酒是「日與夜的鬥爭」），今天也有不少人對玻瑪一試傾心，而且玻瑪距離伯恩城僅六公里，要順道遊覽也相當方便。

玻瑪村擁有28個一級葡萄園，最有名的就是正在申請升級的 Les Rugiens 和 Les Epenots。

Domaine Parent 柏康莊
低調地展現實力

我對柏康莊最深的印象是這裡連入門版區級酒也顯得平衡而濃郁，反映著這個酒莊對自己的要求，「這是爸爸留下的教誨，入門酒是大部份客人對我們的第一印象，決不能叫人失望」。莊主 Anne Parent 認真地説。

**適合類型
第一型 無酒不歡型**

柏康莊並不大，只有約10頃地，平日就由Anne和她妹妹Catherine全力打理。她們絕大部份的田都位於玻瑪村，因此可以好好地品嚐屬於這村莊的風土。

布根地傳統上重男輕女，一般是男人種葡萄釀酒，女人最多幫忙推銷。柏康家原本也由男丁繼承，但結果他娶了Anne-Francoise Gros（就是幾章前提過的葛羅家族），並跟妻子發展葛羅酒莊，Anne在98才回來接掌酒莊。雖然開始得比別人遲，但Anne比別人更努力釀出好酒，加上她的聰明和敏銳，跟她談釀造、談風土，都是一大樂事！

這就是我在柏康莊得到的招待！

Domaine Parent

✉ 3 Rue de la Metairie - BP8 Pommard 21630

☎ + 33 (0) 3 80 22 15 08

@ contact@domaine-parent-bourgogne.com

🕐 全年，由於莊裡通常沒有人，必須預約

👥 參觀

💲 免費，但最好品酒後購買一些酒

🚗 駕車（路有點不好找，預約時最好跟他們確認一下車如何走）

www http://domaine-parent-bourgogne.com

其他可供參觀酒莊

Domaine Chateau de Pommard 波瑪堡

宏偉的波瑪堡設有漂亮的大花園，地下酒窖和葡萄酒博物館，定時轉換主題的展覽藝廊，有專人導賞的參團遊，不須預約每天出發，更有能看到葡萄園的餐廳。來這裡參觀不算便宜（每人€21），酒莊的出品也較大眾化，但若一家大小遊酒區，想有寓品酒於娛樂的行程，這是一個設施豐富的遊客好去處。

Domaine Chateau de Pommard

@ contact@chateaudepommard.com

www http://www. chateaudepommard.com

Chassagne-Montrachet
夏山・蒙哈榭

有時候人們覺得伯恩丘不及夜丘有名，無他，就因為伯恩丘的頂級葡萄園較少，只集中在伯恩丘最北端的歌頓山和最南面的蒙哈榭山，其中又以蒙哈榭的星味更濃，因為超級名莊康帝唯一出產的白酒就是來自蒙哈榭。

蒙哈榭的 Grand Cru 守著伯恩丘的南面大門。

在蒙哈榭上，頂級葡萄園共有五個，看起來困難又不明所以的田名原來有個幽默的小故事將它們串起來，這一來就簡單多了。話說從前有位叫蒙哈榭的貴族（1. Montrachet），因為要隨十字軍東征，就將自己的寶貝女兒交給一位他很器重的騎士（2. Chevalier）。這個騎士卻與女兒造出苟且之事，終於生下了一個混小子（3. Batard，相當於英文 bastard），做公公的來看這混小子，他竟立即哭起來（4. Criot-Batard，相當於英文 crying bastard）！不過因為貴族 Montrachet 先

生也喜歡這位騎士，就既往不究，並歡迎這小混蛋加入他的大家庭（Bienvenues-Batard，相當於英文 welcome bastard）。

五個頂級葡萄園中，Criot-Batard 在夏山這邊，La Montrachet 和 Batard 則與旁邊的村普里尼 - 蒙哈榭（Puligny-Montrachet）分享，Chevalier 和 Bienvenues-Batard 則在普里尼的一邊。除了頂級葡萄園，夏山還有 19 個一級葡萄園。雖然蒙哈榭只出產白酒，夏山同時出產紅酒和白酒。

Chateau de Chassagne-Montrachet
夏山蒙哈榭堡
充滿藝術玩味

這邊會偶爾看見chateau，不過原本它們大多是為保護一條村莊而設的
碉堡和貴族的城堡。不少著名的酒村也有村莊的堡壘，有不少已落入
大酒莊手裡了。

適合類型
第四型 蜜月浪漫型

夏山蒙哈榭堡是Maison Michel Picard米榭爾畢卡莊的
總部。堡壘最古老的一部份建於十一世紀，假如到內部參
觀，就能看見那些標誌性的中世紀拱頂石壁密室。不過這
裡更叫人感興趣的，是酒莊裡處處呈現莊主個人的藝術品
味。那不是正經八百的藝術品，卻是充滿玩味的小心思，
例如由彩色鐵片紮成的巨型釀酒桶，由不同顏色原木拼成
的葡萄收成的拼貼畫，還有在酒店那邊每個月更換主題的
藝術展覽。Picard家族版圖遍佈夜丘和伯恩丘，其中更包
括不少好田。

Chateau de Chassagne-Montrachet

5, chemin du Chateau 21190
Chassagne Montrachet

+33 (0) 3 80 21 98 57

contact@domainesfamillepicard.com

周一至周六上午10時至下午6時

參觀 / 品酒 / 午饍 / 商店 / 住宿

參觀（品10款酒）€15/位，午饍連
品酒 €45/位起，雙人房 €250

駕車

http://www.chateaudechassagnemontrachet.com
（只有法文）

米榭爾畢卡莊到處都是充滿
藝術感的酒具，連這架運貨
電單車也顯得特別有型。

其他可供參觀酒莊

Caveau de Chassagne Montrachet
夏山蒙哈榭酒窖

這家家庭式經營的酒窖自1986年起營業。經營者非常熟悉
區內、特別是伯恩丘裡各酒莊的出品，只要你說出你想要
的風味和風格，老闆就能找出你喜歡的讓人品試，很多遊
客最終買下一些寂寂無聞、卻相當對自己口味的特色好酒。
這裡更有中國釀酒師，可跟你以親切的中文分享品酒想法。

Caveau de Chassagne Montrachet

 ling@caveaudechassagne.com

 http://www.caveaudechassagne.com

Chablis 夏布利
在山城裡掬一把海洋氣息

夏布利區就像一個遺世的世外桃源，路並不好找，但只要朝著正確方向，小城就像柳暗花明又一村般忽然出現在眼前。在碧山綠嶺之間，這小城吹著的風，竟好像帶著淡淡的海水氣息？原來泥土內別有乾坤。

線上地圖

夏布利區

夏布利絕大部份出品都是由霞多麗釀造的白酒，土地是獨特的侏羅紀時期海床，遍布海產類化石，這化石層的專業名字叫白堊土Kimmeridgian clay。像指頭大小的小蠔化石多得俯拾皆是，但再深層一點有些更大型的海螺化石。吸著這些千年海底精華，難怪這裡出產的酒總有濃濃的海水味（或説礦物味）。海水味太抽象？下次吃生蠔時，將蠔上的海水原汁原味喝一口，那鹹鮮味道就是了。

不少遊客都愛拾一小片小蠔化石當手信，不過並非整個夏布利區都有化石，在哪裡能找到？簡單來説，最高級的Grand Cru田裡最多小蠔化石，遞減至最低級的Petit Chablis（小夏布利）就沒有化石了。

夏布利位置有點偏遠。由巴黎開車往南走，需約2小時，由第戎開車往北走，約1.5小時。若乘火車前往，從巴黎Bercy車站（或Dijon車站）乘火車至Auxerre站，接著轉乘計程車至夏布利市中心，計程車費單程約€50。

Jean-Marc Brocard 寶卡特莊
小蠔和大螺的秘密

假如你對這些貝殼化石感興趣，就必須要來到寶卡特莊。酒莊大門前豎立著一座驟眼看像藝術雕塑，原來卻是一個在土層深處挖掘出來的超大碼海螺化石，比我的頭還要大！

適合類型
第一型 無酒不歡型

　　參觀的第一站就是了解 Kimmeridgian 這夏布利之寶，介紹人員先將遊人帶到地窖深處，原來裡面有一面牆以玻璃建造，所有化石一覽無遺。原來遊人平日很容易就能找到蠔殼化石，因為它們在土層的較淺層，而它們位於的是古河床，深處才能看見像酒莊入口般的海螺化石，它們則生長於古海床。

　　寶卡特是一個只有40多年歷史的年輕酒莊，老闆Jean-Marc 由租用1公頃田起家，到今天已發展成擁有超過200公頃的大地主，可謂創業人士的典範！他最出色的地方不是買地，卻是在造酒和對大自然的熱誠，他的出品佔了一半以有機和更緊隨自然的生物動力法去釀造。在酒莊陳列室裡，就展覽了不少生物動力法專用器具。例如最知名的牛角，方法是將牛糞埋在牛角內，秋收後埋進泥土，春天再掘出來，這時牛糞已發酵完成，糞便味道消散，並化身為土地最佳的肥料。彎彎的牛角看來容量很小，要肥田豈不是要千千萬萬隻牛角？原來只需很少量就能促進田地健康，但酒莊也會購買額外的牛糞肥作補充。

🏛	**Domaine Jean-Marc Brocard**
✉	3 route de Chablis 89800 Prehy
☎	+33 (0) 3 86 41 49 45
@	info@brocard.fr
🕐	全年，每天上午11時、下午2時及3:30時固定出團，需要預約
👤	參觀/品酒/午餐/商店/附設住宿/採收體驗/宴會
💲	參觀及品酒 €8.50起，採收體驗連午餐 €55，其他服務價格可參考酒莊網頁
🚗	距離夏布利市中心4公里，距離 Auxerre 火車站24公里
🌐	www.brocard.fr

這個大螺是從地底深處挖出來的化石，可惜我忘了跟它合照，否則大家就可以看到它可比我的頭更大。

123

Domaine Daniel-Etienne Defaix
德菲莊
「夏布利韜韜」的好飲好食

若在夏布利鎮上遇上 Daniel，你一定會認得他，高大的他頂著大肚腩，紅通通的臉笑容可掬，一副食家「韜韜」的模樣。

適合類型
第二型 美食探索型

他的確是個食家，身為本地其中一家最老酒莊德菲第13代傳人，又愛吃，在嚐遍世界的頂級餐廳後，就決心在家鄉開一家最能表現本地風味的餐廳。

農家菜都是就地取材，所以很多菜式都加入了夏布利酒。即使底子都是布根地菜，加了酸爽和礦物味濃厚的夏布利後就變成只此一家了。

人們常說夏布利不能陳年，Daniel 大力反對，「從前夏布利聲譽很好，是珍貴而能陳年的酒，現在年輕的夏布利只剩果香和花香。」德菲莊的店裡，有80年代初的夏布利賣！「肯定仍能喝的」Daniel 笑說。喝過這些圓潤複雜的夏布利老酒，包保你對夏布利改觀！

Domaine Daniel-Etienne Defaix

16 rue Auxerroise, 89800 Chablis
（餐廳 La Cuisine au Vin 及酒窖）
38 route d'Auxerre, 89800 Chablis（酒店）

+33 (0) 3 86 42 14 44（酒窖）/
+33 (0) 3 86 19 98 52（餐廳）

info@lacuisineauvin.fr（餐廳）
contact@hotel-lys-chablis.com（酒店）

商店除1月外全年，餐廳每年3月尾至11月中，酒店全年

酒窖品酒 / 餐廳 / 商店 / 附設酒店

餐廳午餐 € 35 起，酒店每晚 € 70 起，品酒免費

位於夏布利市中心，距離 Auxerre 火車站20公里

www.chablisdefaix.com（酒莊）/
www.hotel-lys-chablis.fr（酒店）

夏布利煮蛋，由夏布利酒和葱頭、忌廉煮成的濃汁，加上磨菇、煙肉、和兩個流心蛋，超級好味！

Chateau de Beru 貝如堡
法式豪華生活十七世紀古董大宅

所謂富過三代才懂吃飯穿衣，在法國這個無論精神還是物質都富足的國度裡，即使遠在的夏布利深山，也住了低調卻高貴的貴族人家。

適合類型
第三型 文化藝術型

　　De Beru 家族家族擁有貝如堡已超過400年，來到這裡，除了看酒莊設施和品酒外，必需要預備足夠時間參觀他們的大宅，那幾乎是一個十八世紀貴族生活博物館，由打獵得來的各種動物頭像標本，十七世紀法國人流行收集的中國瓷器套裝，還有仿製的路易十五宮廷坐椅，酒莊女主人就如數家珍般向遊客一一道來。

　　酒莊更提供住宿，雖然屬於新式裝修，沒有機會一嚐當夏布利貴族的滋味，但住客可隨便使用偌大的客廳，客房不單舖上和暖的地氈，裝修也給人一種家的感覺，加上女主人親手做的早點，讓客人能深切體會到法式悠閒和細緻。

Chateau de Beru

32 Grande Rue, 89700 Beru

+33 (0) 3 86 75 90 43

contact@chateaudeberu.com

每年4月中至11月中開放，最好預約

參觀/品酒/住宿

參觀連品酒 €10

距夏布利市中心10公里，距離Auxerre火車站30公里

www.chateaudeberu.com

由十六世紀燈飾至十七世紀沙發，還有更多更多，在這大宅裡的傢俬和裝飾，每件都有故事。

Domaine Alain Geoffroy
阿倫．杰佛里莊
千奇百趣葡萄酒博物館

無論是在買酒時的贈品，或出於需要而購買，會到酒區旅遊的人家裡總會有多過一柄酒刀。

適合類型
第三型 文化藝術型

這在我們眼中純粹實用的小工具，但在夏布利一個安靜的角落裡，阿倫．杰佛里的前莊主在釀酒之餘，更醉心收集各種葡萄酒相關舊物，光是酒刀已有上萬柄！由有可愛的動物造形、至壞壞的將手柄化成大腿也有，足夠讓你對這不起眼的小工具另眼相看。酒刀據說是由英國人在十八世紀發明的，一開始也不用來開酒瓶，因為當時將酒入瓶並不普遍，較多原桶就賣出去，反而藥水和香水的小瓶子才較多以軟木塞封口，所以這批古酒刀裡不少體積比較小。

除了能從酒刀體積看歷史，這裡更收藏了不少古怪古代葡萄酒用具，看著那些帶刺大鐵鍊和鐵球就覺得像酷刑刑具，還未計有一個像狗頭鍘般的小玩意！有些則笨重得難以使用，例如像一個小孩般高的大針筒和比平常大10倍的銅茶壺到底有甚麼用？這個不斷挑戰你想像力的博物館最適合一大班朋友去看，包保能玩一個下午，同時學到些種植和古代酒莊管理知識！參觀完成後別忘了品嚐一下酒莊的美酒，莊主並沒有玩物喪志，酒都是優秀出品。

Domaine Alain Geoffroy

4, Rue de l'Equerre à Beines, 89 800 - Chablis

+33 (0) 3 86 42 43 76

info@chablis-geoffroy.com

全年周一至周六，需要預約

品酒／參觀／博物館／租場宴會

參觀博物館連品酒 €1.5

距離夏布利市中心7公里，距離Auxerre火車站13公里

www.chablis-geoffroy.com

這裡的開瓶器由開小型藥水瓶的至開大酒瓶的都有，粗略看應該有上萬支。

其他可供參觀酒莊

Domaine Laroche 萊赫雪莊

夏布利的酒清新鮮美像個可人兒，可是這裡的氣候卻很難捱，在夏天和秋天還好，冬天嚴寒，春寒還是寒，這裡霜期最遲可延至5月初！能冷死葡萄藤的天氣不會叫人好受，但假如你不畏寒冷，在3月來訪，就可一睹夏布利區的奇景——壯觀的冰掛陣！原來每當氣溫跌至0度，農夫就會往葡萄藤灑水，水在枝條上凝固成一層保護殼，像愛斯基摩人冰屋的道理，被冰包著卻起了保溫作用，以免被更冷的霜將花蕾冷死。

但最怡人的參觀季節始終是夏天和秋天，冰掛的美景唯有在照片上觀看，不過若你參觀的是萊赫雪，他們拿著各種圖片向遊人講解各種應對天氣的特別耕作方法，遊客大廳還保留了最古老的榨汁器，而且建築物本身是古老修道院的一部份，非常值得參觀。

Domaine Laroche
22 Rue Louis Bro, 89800 Chablis
boutique@larochewines.com
參觀/品酒/餐廳/酒店
位於夏布利市中心7公里，距離 Auxerre 火車站20公里
www.larochewines.com

Louis Moreau 路易莫荷

路易莫荷沒有精心布置的遊客設施，沒有酒店、餐廳，也沒有古跡，但這裡真的有好酒，所以不得不介紹。莊主是家族的第六代繼承人，自小已為當莊主做準備，並到美國唸釀酒學。酒莊本身是一個很好的實踐理想的場地，因為在夏布利 Grand Cru 的七片田裡，家族已擁有四片，另加一片家族獨自擁有的田中田。若你也想知道 Grand Cru 的不同面貌，就要參觀莫荷莊，莊裡的人都很樂於告訴你這些風土特點。

Louis Moreau
10 Grande Rue 89800 Beine
contact@louismoreau.com
參觀/品酒
距離夏布利市中心7公里，距離 Auxerre 火車站13公里（就在 Domaine Alain Geoffroy 旁邊）
http://www.louismoreau.com

Macon
馬貢的盛宴

線上地圖

馬貢

在學酒以後，一次讀海明威半自傳小說《流動的饗宴》，談到他跟另一大作家費滋傑羅到里昂旅行的一段叫我眼前一亮，因為他談到如何暢飲馬貢的白酒——「那天我們前前後後被雨耽擱了約十次……一路上我們不是躲在樹蔭下，就是被困在路旁的咖啡館裡。從里昂那家旅館帶來的午餐倒很可口，一隻香噴噴的烤雞，美味的麵包和馬貢白酒。每回停車喝馬貢白酒，史考特（費滋傑羅）便一臉欣然。我在馬貢買了四瓶好酒，想喝就打開瓶蓋。」
—— 節錄《流動的饗宴》

這不單跟我印象中的馬貢白酒份屬同一個形象，而那馬貢燒雞配也叫人看得會心微笑。馬貢的白酒是怎樣的呢？跟整個布根地一樣，這裡的白酒葡萄也是採用霞多麗，而這裡的霞多麗我覺得像張愛玲筆下的上海女人，豐滿、富層次、內心複雜、外表是勾起肉慾的粉蒸肉。即使在躲雨的憫悶心情裡，馬貢的熱情和性感也能讓人得到一絲安慰。

雞是另一個重點。因為馬貢附近就是法國「國雞」布雷斯雞（Poulet de Bresse）的產地，這款紅冠白毛藍腳、活像法國國旗的雞，是法國唯一獲頒 AOC（天！雞也 AOC）的雞品種。肥嫩烤雞配馬貢白酒，自然一絕。

在馬貢最知名產區 Pouilly-Fuisse 的上方，有一座 Roche de Solutre 山，是法國人的遠足熱點。除了因為在上面可以俯覽整個馬貢以及遍野葡萄藤的景色，也曾經發掘出舊石器時代的化石，據說這裡更是充滿靈氣的地方，吸引世界各地的人前來靈修！我不曉得上面靈氣有多強，只覺得遠看有點像我們的獅子山，滿有親切感的。

儘管馬貢如此可愛，但在分級上它的地位卻頗低，無論在酒標上標著的是 Macon，Macon-Village 還是 Macon 加上村名，它的分級只屬區級（Regional），能攀上村級的只有 5 個區內村莊，其中以 Pouilly-Fuisse 最有名，還有 Pouilly-Vinzelles、Pouilly-Loche、Saint-Veran 和 Vire-Clesse。全區目前沒有一級葡萄園。對馬貢來說這個分級幾乎是不公平的，要知道區內其中一條村叫 Chardonnay，說明這為布根地白酒帶來多少驕傲的葡萄霞多麗也發源於此！不過對飲家來說這並不是壞事，分級稍低讓大家也有機會捎個便宜，因為酒價也較低。

喝著馬貢白酒，吃隻燒布雷斯雞，感受布根地的豪邁喝法。

Domaine la Source des Fees
精靈泉莊
往精靈泉沾一身靈氣

這家酒莊兼旅舍有個很夢幻的名字，因為在這家十六世紀大宅後，有一條充滿靈氣的漂亮小河流過。大宅是古老的，不過在2006年才翻新過，因此裝潢仍非常簇新，房間大，客廳大，以木傢俱為主，給人窗明几淨的悠閒感覺。

適合類型
第四型 蜜月浪漫型

在精靈泉裡人們都變得很幸福！英語流利的主人Tierry相當好客，在每天為住客而設的黃昏品酒環節裡，他總與賓客天南地北地談個痛快，「我覺得我生於這裡真的很幸運，整個Fuisse村只有350人，很太平，大家都豐衣足食。我們出產最好的白酒，要喝最好的紅酒從就近的黃金丘就能得到，東面是布雷斯雞的產地，南面有最美味的香腸，我們就在主幹道上，無論到北面的巴黎還是南面的馬賽也相當方便。我覺得我是世上最幸運的人！」他更笑言若我高興可幫我在Fuisse弄間房子，讓我移民過來。他酒莊原本擁有8頃農地，自設立旅舍以後，漸漸就減至5頃，雖然減產了，但他仍為自己的出品感到自豪。

Domaine la Source des Fees

Le Bourg, Route du May, 71960 Fuisse

+33 (0) 3 85 35 67 02

t.nouvel@wanadoo.fr

全年，需要訂房

品酒 / 住宿

房價約 €130 起

駕車

http://www.lasourcedesfees.fr/en

備註：若想多參觀幾個區內出產好酒的莊，以及區內遠足熱點，記得要求Tierry作介紹。

Chateau de Beauregard 寶侯加堡
隱世星級馬貢酒

首先認識寶侯加莊是在香港，莊主來出席一場布根地品酒會，當時覺得這馬貢酒莊的酒相當突出，就跟莊主約好在馬貢再見。

馬貢的靈山，可覺得跟我們的獅子山有幾分相似？

　　寶侯加莊是馬貢的一個名莊，葡萄園面積達42公頃，光是最有名的Pouilly-Fuisse部份擁有面積就達12公頃。由於馬貢酒較便宜，在外國常常較被忽視，但法國人卻知道是寶貝，莊主Frederic-Marc告訴我他的出品不少賣給法國國內的餐廳，一半以上更售給米芝蓮星級食肆。雖然馬貢酒年輕時已很可口，不過他特地留著一些已陳年的酒作零售，讓飲家能品嚐老馬貢的精彩處。酒莊設有一個漂亮的試酒室，在落地玻璃以外就是一望無際的葡萄園，在夏天參觀會特別漂亮。

Chateau de Beauregard

✉ Domaine Joseph Burrier, Beauregard, 71960 Fuisse

☎ +33 (0) 3 85 35 60 76

@ contact@joseph-burrier.com

🕐 全年，需要預約

👥 參觀 / 品酒

💲 €10（若購買酒莊出品，品酒免費）

🚗 駕車

www www.joseph-burrier.com

備註：一口氣可品試近10款不同村落生產的酒，品質甚佳，值得一試。

Chateau Fuisse, Jean-Jacqies Vincent
富賽堡
寧靜與陰森之間

很多酒莊自稱酒堡，實際上卻只是一幢大宅，但Chateau Fuisse可是貨真價實的石砌堡壘。

適合類型
第三型 文化藝術型

帶點陰森感的古堡品酒大廳。

那個城堡最突出的部份、圓柱型的塔樓建於十五世紀，據莊主說這塔樓從前是執行死刑的地方，夠可怕吧。城堡內部不少地方仍保留古老設計，要不緊緊跟隨莊主，隨時會迷失方向！品酒大廳位於城堡一樓，在古老的大木桌後面放著一列彷彿由審判者所坐的高背椅子，在長桌的盡頭竟然站著一副盔甲！幸好外面就是綠意盎然的葡萄園，陽光透過玻璃窗射在地面上，氣氛才不致太陰森。當然莊主並不打算將你困在城堡裡。他們一家都是熱心而有趣的人，由橡木桶所採用的木材，以至其他釀酒小秘訣，也樂於跟你分享，只要你願意問，包保滿載而歸。

Chateau Fuisse, Jean-Jacqies Vincent

Le Plan 71960 Fuisse

+33 (0) 3 85 35 61 44

domaine@chateau-fuisse.fr

全年，需要預約

參觀/品酒

€5

駕車

http://chateau-fuisse.fr/indexGB.php

Beaujolais
薄酒萊

線上地圖

薄酒萊

性格多變的薄酒萊

　　說到薄酒萊的身世，實在有點撲朔迷離。在行政區分上，薄酒萊是布根地的一部份，但布根地不當薄酒萊是自己人，而薄酒萊也不願沾布根地的光。原來薄酒萊所種的嘉美 Gamay，從前在布根地是其中一種主要葡萄，但不知何故開罪了

布根地公爵，被控以「劣質及不忠誠」的罪名，禁止在布根地種植，往後「優雅」的黑皮諾才獨大。

　　不過，不少在布根地享負盛名的大酒商，如路易佳鐸 Louis Jadot 和寶尚父子 Bouchard Pere et Fils，同樣是薄酒萊的大酒商；而當黑

搞忘年戀一樣，害羞得叫人不敢承認。

不過每年自11月第3周起計的幾個星期裡，薄酒萊會一躍而成酒壇主角。相比其他葡萄酒總在比拼陳藏能力時，反其道而行的她以幼嫩的狀態和不加思索的熱情作為賣點。這時她是只釀了六周的新酒，果香滿載得令人像置身於果園，酒色嫩紅，喝起來順喉，像小妖精蘿莉塔般誘惑著你。喝它是花開堪折直須折，不講究層次感或複雜度，卻叫人痛快地一杯接一杯。

不過薄酒萊新酒只是用來揮霍的青春。在具有更優厚風土條件的村莊裡，酒會被珍而重之地釀造，優秀薄酒萊無論在香氣、口感、複雜度也不輸其他名酒區。要判斷薄酒萊酒莊的質素，最簡單的方法是看地理。最北面與馬貢接釀的是最優秀的薄酒萊特級莊園酒（Cru Beaujolais），往南一點是質素次一等的薄酒萊村莊酒（Beaujolais-Villages），在過了區內最重要城鎮、索恩河畔自由城（Villefranche-sur-Saone）以後，向南的一大片土地就是薄酒萊區酒（Beaujolais），其中一半以上都用來釀做新酒喝。

薄酒萊特級田園酒只來自10個田園（Cru），最有名的包括風車磨坊（Moulin-a-Vent）、弗勒莉（Fleurie）、聖愛（Saint-Amour）等。

「薄酒萊之王」風車磨坊區的土釀裡特別多錳，葡萄藤被毒到了，但不致死，只是令產量大大降低，但這可謂因禍得福了，因為產量小令葡萄汁變濃，釀出來的酒就變得渾厚而有力，嘉美的豐富層次在這酒內盡情展現，味道上幾乎像布根地夜丘的出品，是薄酒萊區最具陳年能力的酒。弗勒莉Fleurie在法文是「花兒」的意思，這裡的出品溫柔、細膩，絲絨般的口感之上是紫羅蘭、牡丹和玫瑰等多姿多彩的花香，沒有辜負這漂亮的名字。聖愛的出品可口，果香如莓果、蜜桃、杏桃等豐富誘人，酒質優雅。因「愛」之名，這村莊的出品總在情人節大賣。

皮諾佔了布根地總種植比率35%的同時，嘉美也佔8%，相對來說一點也不少！在薄酒萊最北端，不少田地與馬貢重疊，在同一片土地上，若種紅酒，酒農就將酒列為薄酒萊特級田園酒，若是白酒則列為馬貢，可見布根地與薄酒萊實在是難分難解。

對很多人來說，薄酒萊是個尷尬的存在。這果香豐富而清爽的酒產量頗大，除了特級田園，價錢比布根地區級酒要便宜一截，於是令人充滿懷疑，尤其在今時今日喝酒在乎的是面子多於實際享受的年代。愛上薄酒萊，彷彿像老人與少女

Beaujolais Nouveau Party 薄酒萊新酒派對
你愛陳年我偏嚐鮮

薄若（Beaujeu）曾經是薄酒萊區的繁榮中心、領主薄酒萊公爵的居住地，可是今天已變成一個人跡罕至，暮氣沉沉的小鎮。甚麼時候我們會記得在鄉下裡無聊地過日子的爺爺呢？就是一年一度的大時大節了！每年到了十一月第三周，薄若就像過年一樣，張燈結綵地度過節目豐富的好幾天。

　　活動由周三晚上的倒數派對作序幕。傳統上這派對在一巨型帳篷裡舉行，晚餐是薄酒萊至里昂地區的傳統菜式和任斟任飲的薄酒萊，台上的表演更將氣氛燒熱，樂隊演奏、雜技和舞蹈接續表演，更會選出新一屆的薄酒萊小姐。

　　這個晚上另一個重點是擠到薄若鎮中心倒數，人人都可以在路旁取得火把，水泄不通的小廣場裡火光點亮，這樣擠著鬧著，儘管氣溫只有零度上下，但人們絲毫感覺不到寒意。當踏進周四零時零分，在大眾的歡呼裡天空燃起煙花，一支又一支薄酒萊新酒不知從哪裡冒出來，身邊的陌生人都舉杯互祝健康（sante!），一起痛飲。

🏮 薄酒萊新酒派對

🕐 由每年十一月第三個周三晚上，直至周末，每天都有不同節目，詳情請參看網址

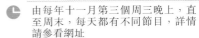 www.sarmentelles.com

在薄酒萊派對上，人人都盛裝出席，放任地飲飽食醉。

薄酒萊新酒

薄酒萊新酒強調嚐鮮，差異在乎釀酒方法。薄酒萊新酒是將整串葡萄丟進釀酒桶裡，原粒發酵，這樣可令酒色較深而單寧較輕。薄酒萊新酒一般只發酵四天左右，陳放數周後就上市。我喝過直接從釀酒桶裡倒出來的新酒，鮮活的黑加侖子、香蕉和蜜桃香叫人一聞難忘。不過這些香氣經不起時間和旅行的考驗，運到來亞洲大都消散了。有機會來這裡就要盡情喝！

Time for Paradis 薄酒萊收成節
來自天堂的美味

在參觀期間，一次跟 Chateau Pizay 的莊主在餐廳午餐，我問他有甚麼非試不可的菜式？他推介我吃「天堂酒汁伴肉腸」。

天堂酒（Paradis）？甚麼東西啊？「喝了便像上了天堂般自由快樂！」頑皮的他以一副哄少女濫藥的奸笑表情説。事實上這當然不是軟性毒品，幾乎也不是一款酒。之前介紹過薄酒萊釀酒是以整串葡萄原粒發酵，但這個過程只需時約數天，接著還是要榨汁來做其他工序。這時候榨出來的半製成品有4-5度酒精，同時保留了不少糖份。這些葡萄汁絕大部分會拿去釀酒，但一小部份當場就會喝。對酒農來説，可從這些半製成品一窺酒的質素，對其他人來説，這又香又甜、喝後又讓人飄飄然的葡萄汁，不是天堂特飲是甚麼？

不過要喝 paradis，你必須湊巧在每年 10 月中至 11 月中之間來到薄酒萊，因為它根本不是入瓶發售的酒，而是一種過渡性產物，放久了也會變質。但你來得是時候的話，可能會踫上慶祝收成的活動，paradis 在廣場上、酒吧和餐廳裡基本會免費派街坊，這時外地遊客不會很多，村裡的人都會熱情招呼你！另外不要錯過品嚐以 paradis 煮的菜式，一般除了葡萄汁，還包括葡萄皮和籽一起煮，品嚐葡萄皮也是有趣的經驗呢。

泡著香腸的就是天堂汁，上面深紫黑色的就是已榨汁的葡萄皮和子。

薄酒萊收成節

一般在 10 月第二個周末舉行，但出發前可先查看網址。

參加節慶免費，可自費在小吃攤購買食物

http://feteduparadis.com

備註：薄酒萊區內餐廳自10月中起供應 paradis 菜式，最遲約至11月底。

Chaize & Montmelas
拉雪茲堡和夢梅拉堡
等不到的聖駕

薄酒萊其中一個最吸引的活動就是看酒堡。這裡的都是貨真價實、森嚴而宏偉的城堡。同行的酒區代表告訴我，這些都反映著從前這個區域多麼富有。而且這裡更是由巴黎以至北歐洲往馬賽必經之路，交通頻繁也為地區帶來不少生意。

拉雪茲堡

　　大家族爭相建超級大屋，原來跟國王有關。例如位於布魯依（十個特級田原之一）的拉雪茲堡，就是一座在山嶺間突然出現、漂亮得有點浮誇的堡壘。堡壘建於十七世紀中期，當時薄酒萊是法蘭西王國的一部份，但布根地卻仍擁有一定的獨立地位。為了盯住布根地人，路易十四就派將軍François de la Chaize d'Aix到薄酒萊駐守。可是在一場風暴裡將軍居住的城堡倒塌了，結果路易十四讓王室工程總負責人來為他修建堡壘和興建花園！怪不得拉雪茲堡散發著凡爾賽宮一般的氣息。

🏰	**Chateau de la Chaize**
✉	69460 Odenas
☎	+33 (0) 4 74 03 41 05
@	info@chateaudelachaize.com
🕐	酒窖：全年，8月及採收期間除外； 花園：每年4-9月。須預約
👤	參觀/品酒
$	參觀酒窖 €3，參觀花園 €10
🚗	駕車
www	www.chateaudelachaize.com

出自凡爾賽建築師手筆的宮殿和花園。

除了商旅南下要經過薄酒萊，古代的法國國王無論打仗或出巡也多選這條路，並會挑選沿路的諸侯和富商接待自己，François 將軍當初也渴望有這一天。拉雪茲堡到今天仍由同一家族擁有，現莊主不無可惜地說最終他們都不曾接待過皇帝，但在就曾接待過 G7 的國家元首太太們，其中更包括當時的美國總統夫人希拉利呢！

夢梅拉堡

城堡主人自十六世紀以後都屬於同一家族，同樣地他們也盼不到皇帝駕臨，不過今天卻成為薄酒萊一個主要的旅遊點，對現代人來說，這應該是更理想的結局。

建於十世紀的夢梅拉堡是由多幢房子兼塔樓連結起來的堡壘，比一般大教堂的佔地還要廣闊，堡壘建於一個小山丘上，屬於居高臨下的戰略位置，面前平原只要有任何風吹草動，在堡內一覽無遺，天氣好的日子最遠更可看見阿爾卑斯山白朗峰！質樸的圍牆上除了城垛沒有多餘的粉飾，暴露了它原本是薄酒萊公爵駐防碉堡的前世記憶，難怪法國一齣講述阿瑟王傳奇的古裝連續劇《Kaamelott》也在這裡取境。另外值得注意的是這座堡壘金黃色的外牆，是由薄酒萊南部盛產一種金黃色石頭所興建，在照片上看可能只覺得黃黃的沒甚麼特別，近看卻讓人覺得獨特而漂亮。

Chateau de Montmelas

69640 Montmelas-Saint-Sorlin, France

+33 (0) 4 74 67 32 94

chateau.de.montmelas@wanadoo.fr

每年1至11月逢周六早上11時，薄酒萊新酒推出後的周末下午有參觀團，需要預約，若要在其他日子參觀可嘗試預約

參觀，品酒

€6

駕車，從 Villefranche-sur-Soane 沿 D44公路進入

www.chateau-montmelas.com（只有法文）

在深林裡忽然出現這麼一座巍峨堡壘，真的像進入了古代的場景。

Hameau Duboeuf 杜柏夫小村莊
博物館中的迪士尼

來到薄酒萊，你不能不認識喬治杜柏夫 Georges Duboeuf。不單因為他年產量達 3,000 萬瓶酒，佔區內總產量的 15%，更因為他大力推廣薄酒萊新酒，全世界才會為新酒上市而瘋狂，這也令他贏得薄酒萊之王的稱號！

生於小酒農之家的杜柏夫，從運酒工人至晉身成法國其中一個最大酒商，一生與酒關係密切。在 93 年，他創立了「杜柏夫小村莊（Hameau Duboeuf）」，規模之大堪稱酒界迪士尼樂園。

小村莊裡應有盡有，首先就是誇張地佔據了一個十九世紀古火車站！火車博物館講述了葡萄酒與古代火車網發展的關係，主場館主要關於葡萄酒的歷史和知識。除了有石塊和泥土讓你看風土，有各種古代至現今的葡萄農具展覽外，最精彩是那些介紹葡萄酒知識的影院和劇場！首先是由一班手工精緻木偶所主演立體劇場，接著是戴立體眼鏡、看漂亮的薄酒萊仙子唱歌跳舞、介紹薄酒萊新酒傳統的 3D 影院，最有趣的是動感影院，在小蜜蜂的帶領下，觀眾上山下河去認識薄酒萊十個特級田園。我參觀時旁邊是一個人均年齡 60 歲的長者旅行團，連他們對這些聽起來孩子氣的玩意也顯得非常興奮！

漂亮園區當然有餐飲，天氣好可選坐在露天餐廳，雖然我更愛布置成二十世紀初華麗風格的室內餐廳，在這裡品酒和午膳就像化身巴黎名流一樣。在這小村莊，要充實地花上愉快的 4 小時不會是難事。

Hameau Duboeuf

796 route de la Gare, 71570 Romaneches-Thorins

+33 (0) 3 85 35 22 22

anneduboeuf@hameauduboeuf.com

每天上午 10 時至下午 6 時，聖誕日休息，花園部份每年 4-10 月開放

參觀 / 品酒 / 餐廳

€19，每名成人可免費帶一名 15 歲以下小童

駕車；火車：Romaneche-Thorins 站，在車站旁

http://www.hameauduvin.com/en

備註：若乘火車前往，無論由里昂還是馬貢出發，直接火車每天只有早、午、晚三班，要小心預算時間。

這麼精緻的裝置，只屬於餐廳的一角！整個博物館的精彩可想而知。

Chateau de Pizay 彼杰堡
宮廷生活體驗

在彼杰堡，你可以找到薄酒萊的另一個凡爾賽式花園。這座堡壘於十一世紀已落成，經過不斷的翻新和加建後，現在變得很有氣派，潔白的中庭讓人覺得是夢想婚禮的理想地點，室內無論是大理石雕像還是花紋斑爛的地氈都讓人有身處宮廷的感覺。

酒堡設有一個深而廣的地窖，這在十四世紀建好，今天都用來釀酒和儲酒。參觀酒窖時，釀酒師很熱情，直接從酒桶裡泵出新酒讓我喝，那可是最新鮮的新酒！那仿宮廷設計的花園在十八世紀建成，分佈在園中那些高高的杉樹都剪成獨特的棋子模樣，加上花園劃成一片一片，感覺就像個大棋盤內。酒店房間很大，但設備古老，在這裡你可體驗到法國70年代富人的生活，但性價比不算高。

即使不住進去，這裡仍相當值得參觀，除了漂亮的花園，酒堡背後就是一片可供參觀的葡萄園，在一行又一行葡萄的盡頭，豎立了不少介紹牌，講解加美葡萄的特點、如何剪枝等薄酒萊相關知識。假若你是個馬拉松愛好者，或會參加每年11月第3個周末，即薄酒來新酒開售後舉行的薄酒萊區馬拉松，彼杰堡每年都是賽道上的其中一站，是必經之地呢！

Chateau de Pizay

✉ 443 Route du Chateau, 69220 Saint-Jean-d'Ardieres

☎ +33 (0) 474662610

@ contact@vins-chateaupizay.com

🕐 酒店全年，參觀酒莊需要預約

👥 參觀及品酒 / 住宿 / 餐廳

💲 參觀及品酒 €5起，住宿 €159起

🚗 駕車；最近火車站為 Belleville，距離約4公里

🌐 http://www.chateau-pizay.com/uk

備註：若有興趣參加薄酒萊馬拉松，可參考以下：
http://www.marathondubeaujolais.org/en

薄酒萊又一皇宮級酒堡。

其他可供參觀酒莊

Chateau de Bellevue

Bellevue 這個重複在不少酒莊上的名字，意思是漂亮的景觀，而這家位於 Morgon 山上的十九世紀大宅提供客房，住客可親身感受那童話式的景致。雖然已沒遺跡可看，但原來這裡是發明電影的盧米爾兄弟（Lumiere Brothers）的故居，不過雅緻的建築和獨特的英式庭園仍可反映他們的品味。這裡出產的特級田園風車磨坊酒很好喝，另外酒莊的馬貢白酒也不錯，不容錯過。

Chateau de Bellevue

Lieu-dit Bellevue 69910 Villie-Morgon

contact@chateau-bellevue.fr

參觀／品酒／住宿／宴會或婚宴

http://www.chateau-bellevue.fr/en

Domaine de la Bonne Tonne

這家有機莊園只有 10 公頃，在薄酒萊來說規模相當小。尊重大地的莊主 Aurelien Grillet 不單克服所有麻煩申請了有機標誌，更引入馬車取代部份機器，來追求最佳效果。前 2 年薄酒萊區失收，莊主學習烤麵包以求多一技旁身，怎料他的手工有機麵包店 Le Pain d'Aure 相當受歡迎！也令遊客多一個原因前來這酒莊。

Domaine de la Bonne Tonne

Le Pain D'Aure Morgon 69910 Villie-Morgon

grillet.marcel@wanadoo.fr

參觀／品酒／售賣麵包

http://bonnetonne.wordpress.com

Julien Merle

這個莊主 Julien Merle 與一般的莊主很不同，原來他從小的願望是當個搖滾吉他手，結果因為獨子要繼承父業，才種起葡萄來。他將自己的熱情灌注進酒裡，更以維護薄酒萊出品的尊嚴為己任。他的莊園沒有有機之名，因反叛的他懶於與官僚打交道，但有有機之實。酒莊位於較低級的薄酒萊南部，酒的性價比較高。

Julien Merle

Le Bourg, Legny

+33 4 74 71 60 74

參觀／品酒

http://www.jmerle.com/beaujolais/accueil.htm

Dijon 第戎
醉人三寶美食

黃金丘兩個最重要的城鎮，一個是位於伯恩丘中心的伯恩，另一個就是位於夜丘最北端的城市第戎。論在酒界的重要性，當然是各大酒商儲酒基地的伯恩，但說到傳統美食以及城市面貌，就以第戎更精彩，對美食家來說這裡最適合做漫遊黃金丘的基地。

線上地圖

第戎

一寶：似辣非辣

　　說到食物，第戎有三寶。這個由巴黎乘火車只需個多小時便抵達的城市，名字一看便有點眼熟，因為第戎的芥末醬馳名世界！這裡就是最有名的芥末廠 Maille 的總部，門市更設試食。原來芥末不單黃色，除了原味，還有黑松露味、香橙開心果味、帕瑪森芝士羅勒味等40多款口味，更有季節限定口味！我從沒想過有一天我會拿起餅乾，就一口一口地品嚐不同口味的美味芥末。芥末與酒其實也大有關係，因為從前最好的芥末都是以阿利歌蝶葡萄釀成醋再浸芥末子而成，這樣就能確保香氣濃郁而酸度富層次。從前布根地也種很多芥末子，不過今天98%的芥末子都來自加拿大了。

二寶：似餅非餅

　　有留意到薑餅的英文名字是「薑麵包（ginger bread）」嗎？法文名字是香料麵包（pain d'epices）。與我們熟悉的曲奇狀薑餅不同，法國人吃的是名副其實的薑包，第戎就是最有名

正在斟出來的不是生啤卻是芥末醬！第戎人買芥末會自攜器皿盛載，像多年前我們到雜貨舖買腐乳一樣。

的產區。味道不太甜而充滿香料香、質感軟綿而濕潤的，才算上品。本地人說這種麵包從前是窮人食品，切兩片出來，塗點牛油，就是學生很好的下午茶。今天物質富裕了，薑包的口味就越出越多，價錢也貴得變成節日禮物和遊客的紀念品了。賣薑包最有名的兩家店分別叫 Auger 及 Mulot & Petitjean，前者以賣薑包為主，後者除薑包外更賣不少糖果小吃，裝潢華麗而富法國風情。兩店均設試食。不過，對我來說最好吃的是位於街市內的一家小店。除了造薑包，他們更親自造多種布根地人當作前菜吃的冷點（terrine）和凍糕（gateau），不妨每款買點來試試。

薑包除了以條狀或輪狀出售，更可以造成其他別緻的造型。

三寶：似醉非醉

靠近第戎的夜丘以紅酒聞名，但仍有很多地不能種葡萄，反而更適合黑加侖子。黑加侖子酸度十足而香味豐富，適合製作利口酒（liqueur），最終就成了黑加侖子利口酒 creme de cassis。不要誤會，這酒裡沒有奶油，只是質感濃滑罷了。全布根地都有人製作這酒，但第戎的出品才算最佳。在二戰後，第戎的市長 Felix Kir 經常以這利口酒調配酸度尖銳的布根地白酒阿利哥蝶（假如霞多麗是布根地白酒女皇，阿利哥蝶就

像個小宮女吧了）去招待各方賓客，這酸中帶甜而香味豐富的雞尾酒，就是今天法國仍非常流行的 Kir 開胃酒（aperitif）。Kir 還有多種變奏，最令人失笑的一款是「Le Communard 巴黎公社社員」，以布根地紅酒兌 creme de cassis 來象徵法國大革命中流的血！廣為人知的 Kir Royal 則以香檳取代 Kir 裡的白酒。

摸出好運氣

在第戎到處都能看見貓頭鷹（chouette）的裝飾品，因為牠可說是第戎的吉祥物！在第戎最有名的教堂聖母院裡，除了可看到很多漂亮的建築，在外牆某處一個離地約2米的位置，有一個貓頭鷹的小雕像，傳說只要以左手摸著牠並許願，願望便會成真！難怪到我看見牠時，因為被太多遊人摸過的關係，小貓頭鷹的面目都變得有點模糊了。不過我當然也摸著牠許了一個願！

第戎有很多貓頭鷹精品賣，這家店就在貓頭鷹教堂旁。

心裡有願望的話，就誠心以左手「摸」拜一下貓頭鷹神吧！

實用資訊

交通：由巴黎站Gare de Lyon乘TGV前往第戎主火車站Gare de Dijon-Ville，需時約1小時40分鐘。由Gare de Dijon-Ville可乘TER（地區火車）前往夜丘的大部份地區如夜聖喬治或哲維瑞‧香貝丹等，車站名與村名相同。由第戎乘火車前往伯恩，需時30分鐘內。
除了火車，可選擇在第戎租車或單車前往黃金丘遊覽。

遊客資訊：旅遊局就在火車站正門外，可先到該處取地圖及詢問資訊。
旅遊局 http://www.visitdijon.com/en

Maille 芥辣店：32, rue de la Liberte, 21000 Dijon

Auger 薑包店：61 rue de la Liberte, 21000 Dijon

Pain d'Epices Mulot et Petitjean 薑包店：13 Place Bossuet, 21000 Dijon

第戎街市：10 Rue Bannelier, Dijon

第戎聖母教堂 eglise Notre-Dame：Place Notre Dame, 21000 Dijon

沒有不能
用酒煮的材料

說到法國菜，你想到的是紅酒煮老雞（coq au vin）？布根地牛肉（boeuf bourguignon）？還是焗蝸牛（escargots）？這些其實都來自布根地。作為一個釀酒大區，在布根地的餐桌上總是多肉少菜，而菜色很多都帶有豐郁而美味的湯汁，讓人不期然就多吃了麵包這些主食，多吃了自然有力氣工作，實在是農家本色。

紅酒煮老雞或牛肉是區裡最有名的菜式，兩者都首先要以紅酒將肉醃上數小時，然後再以紅酒、蔥頭、煙肉、磨菇、番茄等煮成濃濃的湯汁，將肉燜軟。肉裡的精華煮到湯裡去，紅酒與肉進後化學作肉後又使肉的質地軟滑無比。值得注意的是，老雞肉在長時間燜煮以後，即使浸在濃滑的湯汁裡，卻難免會較韌，以中國人口味來說，布根地燉牛肉較保險。

既然是飲酒之人，即使沒機會被邀請到梧玖堡去跟試酒碟騎士們一起晉餐，在餐廳裡也一定要品嚐一下紅酒煮水波蛋（oeufs en meurette）。這菜色重點在那個紅酒汁，在蔥頭、煙肉、磨菇等以外，還要加入牛肉湯，以慢火花數小時將水水的汁料煮成濃濃的湯汁，吃的時候水波蛋裡的流心蛋黃跟湯汁水乳交融，甜滑無比，叫人一試就愛上。我跟第戎導遊吃飯時點這個，她大讚我「識食」，更教我湯汁除可以佐以多士外，更可

這就是馳名紅酒煮蛋。紅酒汁裡由牛肉湯和煙肉等煮成，蛋黃是流心的，最佳拍檔是美味又吸汁的炸薯條！

以配上炸薯條！在她的一盤薯條裡我拿了幾條點汁來吃，果然好味。但為甚麼吃著這樣邪惡的食物，法國女子身材卻總保持得這麼好？真難理解。

布根地菜都講究耐性，醃數小時燜數小時可說是家常便飯，但最叫我驚訝的是歐芹火腿凍（jambon persille）。這款看來像火腿和歐芹碎果凍的前菜，一次一個以真材實料聞名的老闆告訴我他下了好幾隻小牛腿去煮。甚麼？我第一反應是難道那些火腿是牛肉來的？原來那些果凍是將小牛腿的筋熬了十多個小時煮溶而成的！難怪有個笑話說12條牛讓法國人煮，會變成12瓶醬料。假如這個笑話是真的，那廚子一定是布根地人。

除了看得見的火腿和歐芹碎，還有看不見的小牛腿筋。

追逐乳臭

遊法國還要是品酒之旅，要吃芝士是常識吧！布根地出產牛奶芝士為主，味道濃郁而風味別樹一格，跟亞洲人熟悉的帕瑪森、車打或金文拔等都大大地不同，美食家不容錯過。

這裡最有名的，一定是由西多修會修士在十六世紀發明的 Epoisses。好東西一定逃不過皇帝的法眼，Epoisses 不單是路易十四皇室的御用芝士，曾駐守黃金丘的拿破崙，在喝他最愛的香貝丹紅酒的同時，最愛就是吃 Epoisses 芝士。這皇者芝士一般以圓木盒盛載，成熟期約 5 個月，是半流質的軟芝士。在熟成期間，芝士每隔數天便以布根地本地出產的白蘭地 marc de bourgogne 浸洗，不單為芝士添上濃郁的酒香，更使外皮染成橙紅色。軟滑的芝士鹹鮮並重，在濃郁的奶香和酒香中，竟然散發陣陣梅香鹹魚味，對，鹹魚！對很多人來說，實在臭得難以接受，所以它也有最臭芝士的「美譽」。

另一款我喜歡的本地芝士也與酒有關，那就是 Plaisir au Chablis，它的製作跟 Epoisses 大同小異，最大的分別是改以夏布利酒洗皮，令芝士的個性變得較溫和。味道鹹鮮得來氣味較溫和，濃郁嫩滑的口感會讓自以為只是普通芝士迷的你也深深感動。

這些芝士在布根地的超市或周末的農夫市集也能較易買到，坦白說我曾在法國別區買過 Epoisses，味道與地道的差天共地！所以要吃 Epoisses 就一定要在本區買。若你想了解更多製作芝士的過程，並在專人指導下品試各地道芝士的特色，可前往 Gaugry 芝士廠參觀。自行前往參觀免費，到達後可跟櫃檯購買品試芝士組合，在餐廳品嚐五款本地芝士。廠房並設門市。

	Gaugry 芝士廠
✉	10 Route Nationale, 21220 Gevrey-Chambertin
🚗	駕車；火車：距離 Gevrey-Chambertin 車站約 2.5 公里
🌐	http://gaugryfromager.fr/home

在 Gaugry 芝士廠，可一口氣少量品試多款布根地芝士。

Chapter 4

通往快樂之門
隆河谷

阿維儂斷橋 Pont d'Avignon。

通往快樂之門隆河谷

曾在一本世界知名的旅遊書裡讀到有關隆河谷的介紹，說過了里昂以後，每個鎮都自詡為「通往普羅旺斯快樂之門」。但由隆河最北開車3小時才到普羅旺斯，這把牛吹得大了點吧。不過說是「快樂之門」，我倒非常認同。

法國南部人友善熱情，即使到最大的酒莊，他們的眼睛都不會長在頭上，招呼你喝十款八款自家出品是等閒事，即使英語不靈光，他們也願意跟你閒話家常，由自己父母擅長做的菜，至鎮裡哪家買到最好的臘腸（這是極有用的資訊！），讓人真正體會甚麼是賓至如歸。

隆河區分成南、北兩部份，兩區個性迥異，在兩區之間，隔著整整50公里沒種葡萄！兩個區最大的共通點，大概就是西拉（syrah）葡萄。不過北隆河的西拉個性嚴謹、優雅。口感和結構都複雜，香氣帶野性的肉味，同時帶有花香。在兩個明星產區艾米塔吉Hermitage及羅第丘Cote Rotie裡，出產的紅酒都是這樣子。北隆河的白酒也享負盛名，酒都散發著濃得像香水的花香味，令人一聞難忘。只以維歐尼耶viognier釀酒的康德呂condrieu區，是最有名的白酒產地。

南隆河同樣種西拉，但種得更好的可能是哥凱娜grenache。這邊陽光充沛，葡萄耕地又較平坦，較輕鬆的生存環境令出品熱情奔放，果香澎湃力量足。這裡的出品很少由單一葡萄生產，最有名的配搭就是GSM，就像從前的手提電話制式的簡稱（！），不過這裡GSM分別是哥凱娜、西拉、和慕懷特（Mourvedre）。在教皇新堡，更最多准許多達13款葡萄出現在同一瓶酒以內！除了紅酒和白酒，這區的出品很多元化，如粉紅酒（Tavel），更有甜加烈酒（Rasteau），切合其不拘一格的個性。

相比其他酒區，隆河區酒莊在試酒時顯得特別慷慨，等閒也讓人試五、六款。為甚麼？這與酒商制度有關。北隆河地勢險峻，難開墾；南隆河有廣闊的平原，土地多。北隆河酒莊的酒一般能賣好價錢，但會因不夠酒賣而有點發愁；南隆河酒莊產量大，但心裡可能渴望擁有北隆河的知名小區例如艾米塔吉、羅第丘等的出品。在這情況下，無論大莊小莊都到別區買葡萄或葡萄酒、再貼上自家酒標，這種收購，就使一家獨立酒莊變成一家「酒商」。既然出品來自一系列不同酒區，於是就讓你多試幾款不同的出品。不過布根地其實也有不少大酒商，卻不一定讓你多試酒，說到底就是南部人較熱情不計較。

這酒區北面是法國美食首都里昂，南面是盛產新鮮蔬果和海鮮的普羅旺斯，美食豐富可想而知。北隆河的習慣較接近里昂，肉多、內臟多、奶油下得多，菜色味道濃郁，配上結構有力果香豐盈的西拉紅酒就相當不錯，而食物口感厚重，與西拉的圓渾香甜也能配合得好。番茄從來與酒都不容易配搭，但產自南隆河的紅酒，與番茄、蒜蓉配百里香（有時還加上橄欖和鯷魚）這非常南法的味道，有種不可思議的和諧感。這個受陽光祝福的地區還盛產很多作物，在夏天農人們會把裝滿桃、李、杏的小貨車停在路旁，幾塊錢就能買一大包回酒店吃，秋天有蘋果和栗子，還有舉世知名的巧克力廠Valrhona。

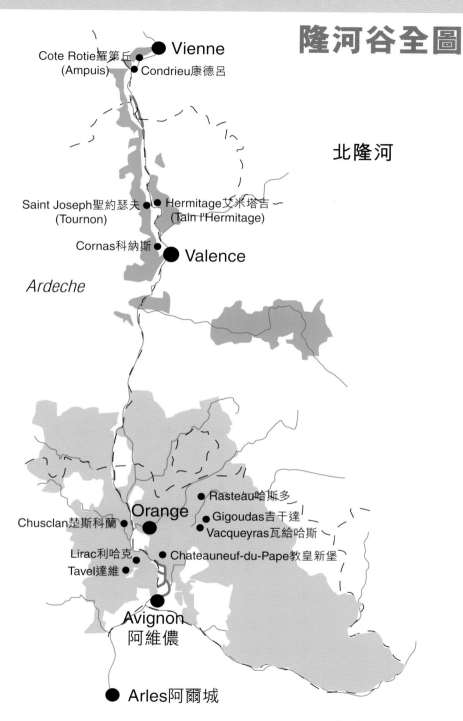

隆河谷全圖

Vienne

Cote Rotie羅第丘
(Ampuis)

Condrieu康德呂

北隆河

Saint Joseph聖約瑟夫
(Tournon)

Hermitage艾米塔吉
(Tain l'Hermitage)

Cornas科納斯

Valence

Ardeche

Rasteau哈斯多

Orange

Gigoudas吉干達

Chusclan楚斯科蘭

Vacqueyras瓦給哈斯

Lirac利哈克

Chateauneuf-du-Pape教皇新堡

Tavel達維

Avignon
阿維儂

Arles阿爾城

南隆河

成功須苦幹　北隆河

線上地圖

北隆河

每次喝到北隆河的酒，尤其來自那些享負盛名的產區如艾米塔吉和羅第丘，總叫我想到「成功需苦幹」。這當然不是富二代的輕忽宣言，只要你看見這裡不得不開成小幅梯田的陡峭山勢，就知道成功絕對得來不易。

酒莊位置

❶ Domaine Gilles Barge *p157*
❷ Domaine E. Guigal 吉佳樂世家莊
　 p156
❸ Domaine de Corps de Loup
　 野狼莊 *p155*
❹ Delas Freres 德拉斯兄弟莊 *p153*
❺ Les Sens Ciel *p157*
❻ Maison Paul Jaboulet Aine
　 保羅佳布列莊 *p151*
❼ Maison M. Chapoutier
　 莎普蒂爾莊 *p152*
❽ Cave de Tain 天恩莊 *p154*
❾ Domaine Alain Voge *p157*

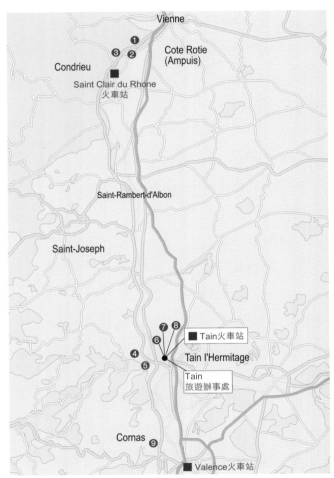

 駕車：若要遊覽北隆河，最近可在里昂租車
火車：由里昂南下到北隆河玩，火車一般從 Lyon-Part-Dieu 或 Lyon-Jean Mace 出發，車票上會註明站名。車卡一般有放置單車的位置。第一個擁有火車站的酒區是 Condrieu，站名為 Saint-Clair-du-Rhone。這個站距離 Ampuis（即 Cote Rotie 所在的鎮）約5公里。第二個火車站是 Tain l'Hermitage，就在 Hermitage 和 Croze-Hermitage 的正中央，以及 Saint Joseph 的對岸。若要到 Cornas 和 Saint Peray，最接近的火車站是 Valence，分別距離兩個小鎮7及5公里。

Maison Paul Jaboulet Aine
保羅佳布列
在隱士家門的派對

艾米塔吉（Hermitage）區名意思就是隱士（ermite）。在中世紀，隱士指一些沒有進入修道院，但過著與世隔絕的修行生活的人。

適合類型
第三型 文化藝術型

Maison Paul Jaboulet Aine

✉ 25 Place du Taurobole, 26600 Tain l'Hermitage

📞 + 33 (0) 4 75 09 26 20

@ vineum@jaboulet.com

🕐 逢周一下午2-7時，周二至日全日

👥 品酒、酒吧

💲 酒吧喝酒每杯 €3 起

🚗 駕車；乘火車，從 Tain l'Hermitage 站走約 500 米

www jaboulet.com

據説在十三世紀初，一名原本住在這區的騎士隨十字軍東征，在受傷回國後，他就決定要過隱士的生活，並開始種葡萄酒（又是修士！難道上帝真懂感召人種酒？）。他將酒送給來往隆河的商旅，結果大受歡迎，就以他在這區隱居並種酒的事跡來為地區命名。

除了種酒，他更在山上興建了一家俯視隆河的小教堂，供奉了祝福旅人平安的聖人 Christophe（就像我們的天后廟）。今天人們視這小教堂為聖地，不因為聖基斯杜化先生，卻因為已成為保羅佳布列生產的「La Chapelle（小教堂）」的象徵！La Chapelle 1961 是一瓶傳奇，不單獲得酒評家如 Robert Parker 爭相讚頌，直指與同樣傳奇的拉圖 1961 表現相當。保羅佳布列是區內名莊，除了旗艦 La Chapelle，酒莊的生產遍布南北隆河。

佳布列在艾米塔吉鎮中心建了一家陳列室連小酒吧，在那裡除了可以品酒，買酒，更可坐下來歇歇腳，吃著上好的火腿和隆河區芝士，一邊可與酒保交流，談談酒，談談食物配搭。在夏天周末、太陽10時才下山的日子，佳布列更在山頂小教堂門前舉行特備節目——黃昏小酒吧。小教堂前空地不多，能接待約30人，記得預約！

酒莊在在1919年更買下了山上的 La Chapelle。在小教堂前除了要拍照，更應帶上酒和食物野餐！

Maison M. Chapoutier 莎普蒂爾莊
艾米塔克的暢飲加油站

來到艾米塔吉區，你沒有不去 Chapoutier 的理由，不單因為仰慕這大品牌，更因為這年中無休、無需預約、且提供免費品酒的酒莊門市，說的是一口氣品 7-9 款酒！更有侍酒師駐店為遊客提供解說服務，那親切的解說讓人覺得像得到家庭式小酒莊的招待，而不像一個大酒莊。

適合類型
第一型 無酒不歡型

品牌以生物動力法掛帥，若你湊巧在 3-4 月到這區旅行，不妨到艾米塔吉山麓、豎著「M. Chapoutier」的橫額廣告的田地蹓蹓運氣，或許蹓上正在翻土的馬匹！

「我們酒莊叫 M. Chapoutier，你知道為甚麼嗎？」侍酒師問倒了我。原來這家人都叫 M 先生和 M 小姐！自 1808 年酒莊創立以來，代代莊主名字都由 M 開首，現任第 7 代莊主就叫 Michel 米歇爾。自米歇爾在 1989 年主理酒莊後，酒莊聲名節節上升，更數度從 Robert Parker 手上獲得 100 分。

米歇爾因為熱愛葡萄酒，也希望人們可以沒有負擔地品酒。甚麼是負擔？說的不是價錢，而是那份擔心自己不懂酒的心情。因此他辦了一家「學校（ecole）」，帶領遊客享受品酒樂趣，其中他特別多開辦酒食物配搭的工作坊，如野菌和巧克力的配搭。米歇爾更曾說過「酒是用來與食物結合的，我真心認為所有釀酒師也應該去上烹飪班！」在這學校裡，由入門至飲家均能找到合口味的課程。

Maison M. Chapoutier

18 Avenue du Docteur-Paul-Durand, 26600 Tain l'Hermitage

+33 (0) 4 75 08 92 61

chapoutier@chapoutier.com/
lecole@chapoutier.com

每天 9:30-7:00，中午 1-2 休息

品酒 / 商店 / 品酒課 / 出租電動單車 / 住宿

品酒免費 / 品酒課 €65 起

駕車；火車站 Tain l'Hermitage，距離火車站約 100 米

http://www.chapoutier.com

備註：可在 http://www.chapoutier-ecole.com 找尋課程和活動的相關資訊，要問明是否英語授課。

店面以玻璃箱存放了隆河各區的石塊和泥土樣本，若你對酒特別認真，這些泥石標本頗有趣。

Delas Freres 德拉斯兄弟莊
在名莊裡談如何吃豬才是正經事

在一眾隆河大酒商之間，德拉斯兄弟莊總欠了一點明星相。或許就因為她沒有成功出過那種產量特別少、令飲家不計較價錢來追逐的酒款。不過可是別小覷她，她的出品不單優越，更是名香檳廠路易‧侯德爾（Louis Roederer）旗下的一份子。

適合類型
第一型 無酒不歡型

　　德拉斯兄弟酒莊無論釀酒團隊以至設施，也非常出色，另外在兵家必爭之地如艾米塔吉和羅第丘的 La Landonne 等，也擁有田地。酒莊總部位處艾米塔吉對岸的 Tournon，可算是位處 Saint-Joseph 聖約瑟夫的範圍，不過就跟其他大酒商一樣，出品遍布南北隆河，所以來到酒莊的商店，一樣可以品嚐很多酒款。

　　店面經理的英語不算說得好，但非常親切。聊著聊著，就開始閒話家常。他們說在 Tournon 位於的 Ardeche 區再往西面走就是山，以養豬聞名，出產的香腸、臘腸、豬肉凍等聞名全國。他們更告訴我家裡的奶奶如何將一頭豬從頭吃到腳趾一吋肉也不浪費！

　　他們更推介遊客要試坐一下在 2013 年才重開的古老蒸汽小火車，首先就是那個站跟德拉斯商店相當近，那條火車軌就在商店面前經過。小火車目的地就是他們的家鄉、Ardeche 的山區。鐵路是在十九世紀由上千人的人手開山和建設而成，沿著河谷開闢的鐵道一直往上爬，山野風光非常優美，在參觀德拉斯後，花半晝到山上野餐和走走也是相當心曠神怡的事情。

Delas Freres

2 Allee de l'Olivet, Saint Jean de Mouzols, 07300 Tournon-sur-Rhone

+33 (0) 4 75 08 92 97

商店周一至周六開放，不用預約

品酒 / 商店

品酒免費

駕車

http://www.delas.com

備註：若想乘坐小火車，請到以下網址查閱班次、價格及車站細節：
www.trainardeche.fr/welcome.html

我特別喜愛這康德呂，那濃得化不開的花香和芒果香叫人印象難忘，聖約瑟夫表現也很好，是抵買之選。

153

Cave de Tain 天恩莊
隱士山的起點

看著這個並不高的隱士山，你已決定要爬一下了，已做好熱身運動或預備好電動單車的你，還欠甚麼？一張地圖。

　　這時你就應該到天恩莊去，酒莊的商店部份提供一張遠足地圖，教你如何從莊園門口不遠處開始上山，沿路都是鋪好的水泥地，兩旁就是一排一排的葡萄藤。全程約4公里，約2小時就能完成旅程回到平地。一路上共有11個中天恩莊所設的路牌，解釋你面前的地質、風土、和葡萄種植的細節等，更可以手機掃牌上的QR Code去獲得更多資訊呢！在下山後不妨回到商店品酒，再到酒莊後面的餐廳Umia用餐，餐廳由一對法國及日本夫婦主理，雖然主打法國菜，但會用上日式料理的材料和技巧，最重要的是在這裡用餐並不算貴。

　　對酒有點研究的你曾看著這區的地圖而感到摸不著頭腦嗎？為甚麼矜貴的艾米塔吉只有小小的一塊土地，旁邊包圍著的一大片克羅斯‧艾米塔吉（Croze-Hermitage），酒價卻便宜很多，為甚麼？今次跟天恩酒莊的出口經理爬上艾米塔吉山頭，立即就豁然開朗，「你看只有那些向南的坡地才算艾米塔吉，其餘方向和其他位置因為不夠陽光，不夠暖，就是克羅斯‧艾米塔吉了。」站在這山頭，跟葡萄藤一起看著陽光的照耀，感受著風的流動，赫然發現書上看過的硬資料變得真實呈現，竟有點感動起來。

Cave de Tain

✉ 22 Route de Larnage,
26600 Tain-l'Hermitage

☎ +33 (0) 4 75 08 20 87

@ http://www.cavedetain.com/cn/contact.cfm

🕐 每天，公眾假期除外，中午1-2時休息

👥 品酒／參觀／遠足步道／餐廳

$ 品酒免費，參觀需先跟酒莊預約並商議價錢，遠足免費，餐廳午餐 €21起

🚗 駕車；火車，距離 Tain l'Hermitage 車站約 500 米

🌐 www.cavedetain.com

備註：餐廳 Umia 距離酒莊約 15 分鐘步程，可向酒莊商店查詢如何走過去。

遠足過後別忘了到酒莊去品酒。

Domaine de Corps de Loup 野狼莊
枯土裡長出美葡萄

在北隆河區，名氣僅次於艾米塔吉的就要數羅第丘。這個燒焦的山丘（Cote Rotie 的法文意思）在氣候和環境都是非一般地難捱，首先就是夏天極熱而冬天很冷，至於地理上，之前介紹的艾米塔吉山坡很斜吧，每根葡萄藤要以一根支架去支撐，但到了羅第丘，每根藤要兩根支架才能穩住！

適合類型
第三型 文化藝術型

在野狼莊，親切的少莊主 Tristan Daubree 說最好跟他們約好，讓他們安排人手來帶遊人親自感受這田地。一邊爬山，我一邊覺得陽光很猛風很大，腳下不斷打滑。山上的泥土很薄很鬆散，Tristan 隨手就在地上拔出一個土石塊，「你看這些泥土多貧瘠！這裡風化得厲害，沒幾多泥土，養份很少。但也正因為這樣，葡萄根才長得深，出來的味道才夠複雜。」書裡常說種葡萄地要貧瘠，這次總算見識到了。

除了學種植知識和品酒，這次參觀的意外收獲是順道看歷史文物。「這些土地不少是由古羅馬人開出來的！你看山邊保護著每層梯田的石塊牆，那些不規則的石塊很有可能已有二千多年歷史。」酒莊主宅旁邊還疊著一些古代石渠和瓦片等，「這些瓦片每塊弧度都不太一樣，因為從前的人都在大腿上徒手屈出瓦片形狀的。」你說這些文物為甚麼都像廢物邊堆在山邊？因為古羅馬人在公元初曾於隆河一帶非常活躍，歷史學者還有太多更大型的遺蹟讓他們去忙呢。

Domaine de Corps de Loup

2 Route de Lyon,
69420 Tupin-et-Semons

+33 (0) 9 53 87 84 64

info@corpsdeloup.com

每天開放，最好預約

品酒／參觀／商店

品酒免費／上山參觀 €10

開車。門口在大路旁，進門後要一直往上開車約300米才到。最好電郵先問清楚如何走；火車：最近車站 Saint-Clair-du-Rhone 站，距離酒莊約3公里，可騎單車前往。

http://www.corpsdeloup.com

Oscar 是隻乖巧可愛的酒莊小狗。

Domaine E. Guigal 吉佳樂世家
La la la 唱出名酒身價

說到羅第丘，就不能不說到有隆河酒王之稱的大酒商吉佳樂世家 E. Guigal。艾米塔吉是個長期享負盛名的酒區，但羅第丘其實只在近40年左右崛起，托的就是「La la la」的福。

　　像在唱歌一樣的「La la la」，指的是羅第丘上由吉佳樂擁有的三片獨一無二的田地，La Mouline、La Landonne 和 La Turque，它們要不承受特別猛烈的陽光，就是特別斜（La Landonne 坡度接近45度！），並花特別長的時間在木桶裡陳釀。因為天然條件造就了低產量，加上釀製的方法，令酒的陳年能力特別強。由這三片地出產的酒，不單多次在 Robert Parker 手上拿到100分，更在各大拍賣會上被大力追捧，間接令羅第丘聲名雀起。

　　在這裡參觀，讓人覺得到了大人國一樣，那些不鏽鋼儲酒器更大得叫人嘆為觀止，導賞員說因為太大座，當時要掀開屋頂才能把這些儲酒器運進酒窖。而參觀的亮點就是品酒部份，不單可品八至十款酒，還包括一款「la la la」。酒莊說一般只接待葡萄酒業者參觀，但只要他們不太忙，你又很有誠意要參觀的話，大概也是可行的。別看吉佳樂這麼有名，第一代莊主 Etienne Guigal 原本在羅第丘幫人打工，在1946年才建立起自己的小酒莊。到了今天，酒莊年銷量已達到600萬瓶，出品遍及南北隆河，但家族仍以這區作基地。

Domaine E. Guigal

✉ 5 Route de la Taquiere, 69420 Ampuis

📞 +33 (0) 4 74 56 10 22

@ www.guigal.com/en/contact.php 或 contact@guigal.com

🕐 逢周一至周五，每年8月關閉。必須預約

👥 參觀/品酒、約兩小時

$ 免費

🚗 駕車：位於 Ampuis 鎮上；火車：最近車站 Saint-Clair-du-Rhone 站，距離酒莊約5公里

🌐 http://www.guigal.com

吉佳樂就是甚麼都大過人，這些雕花木酒桶就像門一樣高。

Domaine Barge

羅第丘又一家庭式小酒莊，位於 Ampuis 的大街，非常方便前往。除了品酒，熱情的莊主也愛將大家帶到山上的葡萄園，讓大家感受那斜坡，再看他的釀酒設施。這裡更附設小旅舍。很會做生意的酒莊，有時間的話不妨看看。預約時需註明需要英語接待。

Domaine Barge

8 Boulevard Allees 69420 Ampuis

http://www.domainebarge.com

Domaine Alain Voge

酒莊位於利納斯一個好像幾百年來也沒改變過的村莊內，寧靜得近乎單調的石牆和小巷，卻令我忍不住不斷拍照。酒好喝，風格有力奔放，是典型的利納斯。莊主除了熱情釀酒，對本地植物更有近乎專家的知識，莊裡可見不少植物掛圖。

Domaine Alain Voge

4 Impasse de'equerre, 07130 Cornas, France

http://www.alain-voge.com

Les Sens Ciel

一家對葡萄酒充滿熱誠的小酒舖，店主 Marie 教授葡萄酒多年，北隆河區大小酒莊都認識，可以推介你一些名不經傳但質素上佳的好酒。她會舉辦一些小型工作坊，例如她帶領我將來自三款不同產地的 Valrhona 巧克力（法國人對 AOC 的追求是到了偏執程度）配三款北隆河酒紅酒，她更可帶遊客到聖約瑟夫區遠足和講解地理。詳情請參閱網站。

Les Sens Ciel

17 rue Gabriel Faure 07300 Tournon-sur-Rhone

http://www.vin-et-sens.com

Beau Rivage Condrieu

這家酒店在建築和裝修上感覺華貴，卻有點過時，住不一定要選這裡，但我卻要隆重推介這家餐廳。這裡擁有一星米芝蓮，訂價屬一星，但味道卻達三星。餐廳主打傳統法國菜，食材新鮮地道，烹調水準高超。我曾推介過到該區旅遊的法國朋友到這餐廳，評價也是讚不絕口。

Beau Rivage Condrieu

2 rue du Beau Rivage, 69420 Condrieu

http://www.hotel-beaurivage.com/en/the-restaurant

教皇領地野葡萄　南隆河

相比起北隆河的苦幹，南隆河酒農就輕鬆多了，只要「積極不干預」，
葡萄就能長得好。陽光太充沛嗎？就不把藤拉上葡萄架，讓藤一棵
棵凌亂地生長，葉子反而能蓋住和保護葡萄。

線上地圖

南隆河

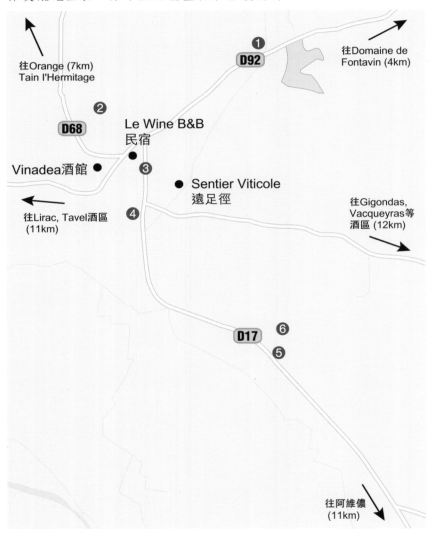

D92

往Domaine de
Fontavin (4km)

往Orange (7km)
Tain l'Hermitage

D68

Le Wine B&B
民宿

Vinadea酒館

Sentier Viticole
遠足徑

往Gigondas,
Vacqueyras等
酒區 (12km)

往Lirac, Tavel酒區
(11km)

D17

往阿維儂
(11km)

酒莊位置

Domaine de Pegau 佩高莊
慈祥可靠的神之門徒

假如你是漫畫《神之水滴》的粉絲，應該對這個酒莊仰慕已久！
你不一定認同所有書中推介的酒，但12支門徒酒始終是一級好酒
的指標。

適合類型
第一型 無酒不歡型

佩高莊從來都很有名，但自從她的酒被選為第三門徒後，令她立即多了一大批亞洲粉絲！第三門徒酒是酒莊出品最優質系列 Cuvee Da Capo 的2000年出品，書裡形容這瓶酒就像一個迷路的孩子遇上一個慈祥而可靠的人，並引領他踏上回家的路。

佩高不是一個大酒莊，他們很專注造教皇新堡區的酒，酒莊在莊主 Laurence 1987年接手前寂寂無聞，無論酒莊版圖還是名氣也是在她手上大大擴展的。第三門徒 Cuvee Da Capo 也是由她所創，這酒用上70% Grenache，大部份都是百歲以上的老藤。酒的第一個釀造年份是1998年，及後只在4個優秀年份釀造過，並都獲得 Robert Parker 的100分。

	Domaine de Pegau
✉	15 Avenue Imperiale, 84230 Chateauneuf-du-Pape
☎	+33 (0) 4 90 83 72 70
@	pegau@pegau.com / www.pegau.com/ crbst_2.html
⏱	一至五開放，最好在早上，須預約
👥	參觀及品酒
$	免費
🚗	駕車從亞維儂出發，約17公里
www	www.pegau.com

1988年的佩高，甜潤豐盈，一點老態也沒有。

我很幸運獲邀到 Laurence 家作客，她更親自下廚。Laurence 自言很喜歡吃，尤其亞洲食物，她認為咖喱和酸甜汁等亞洲口味與教皇新堡可以很搭配。一個釀酒師的舌頭總受他慣吃的口味所影響，最能配佩高的食物，當然就是 Laurence 造的菜！在我作客的這天，她造了鵝肝黑松露片南瓜湯作頭盤。鵝肝加熱後，濃郁的鵝肝味野性非常。冷盤是最叫我驚訝的翠玉瓜蛋批伴番茄茸，蛋批外沒有牛油餅皮。不是説瓜和番茄都是紅酒大忌？秘密就在於番茄裡下了大量香草，味道與香草香豐富的酒變和諧了。接著是黑橄欖醬（tapenade）紅燒兔肉（有點像雞肉），最後是六款不同的羊奶芝士。以後懂怎樣配佩高了嗎？

佩高酒莊對待客人的態度親切，莊主 Laurence 常常會親自跟客人介紹酒莊，並跟大家一起品酒。

Maison Ogier 奧吉爾莊
小人國精華遊

還記得從前很流行的小人國景點模型嗎？遊人在世界各地的名勝模型前拍照也自得其樂。

適合類型
第一型 無酒不歡型

　　大酒商奧吉爾也為教皇新堡區建造了一個地理分佈模型供人參觀。但，人都在這裡，為甚麼要看模型？因為你自己隨便走，只見田接田、籐接籐的，看了也沒有感覺。但奧吉爾莊不單提供模型，更供「導遊」，在這精華遊後你也能變成教皇新堡的專家。

　　東南西北不是隨便說，教皇新堡區真可粗略可分為四部份，它們的土地組成完全不同，不同的土地較適合特定的葡萄。奧吉爾莊的主大樓前就模擬酒區地理鋪了這4種土壤，並種了相應的葡萄藤。說實在我也只是比較了解教皇新堡最有名的東部風土，因為這土地太易認了，它地上佈滿了巨型石春，隨便一塊石頭也像你腳掌般潤，最大的像人頭般大！有個莊主跟我說這最佳土地反而開發得頗遲，

Maison Ogier

10 Avenue Pasteur, 84230
Chateauneuf-du-Pape

+33 (0) 4 90 39 32 32 /
+33 (0) 4 90 39 32 41

caveau@ogier.fr

全年開放、必須預約

參觀、品酒、商店

駕車從亞維儂出發，約17公里

若寫火車，要寫明站名

www.ogier.fr

Maison Brotte 布諾特家族莊
可靠可樂喝一口

來到教皇新堡，值得到 Brotte 布諾特走走。不單因為酒莊位處市中心，裡面並設有一個講解產地來源制度 (A.O.C.) 和本區風土特式的博物館，同時裡面展出巨型酒桶和農具等最佳拍照道具，還有葡萄酒相關精品出售，一次過滿足遊客的所有願望！難怪每年可吸引到二萬名遊客參觀。

適合類型
第一型 無酒不歡型

　　這裡更有一瓶不得不試的出品。對很多人來說葡萄酒最有魅力的地方在於它的變化多端，不同年份就會因天氣變化而產生不同的味道。不過

若有一款紅酒，味道始終如一地吸引，大概也會很受歡迎，打個比喻，沒有人追求可樂味道不斷變化吧。由 Brotte 生產的 La Foile 就是這麼一款

因為大石春地太難行，馬也不願在上面工作。直到有人意外地開始種了些葡萄藤，發現那些石春就像超級保溫氈一樣為土地保暖和保濕，使葡萄長得好又熟得快，加上機械開始發達，才越來越多人在這上面種起葡萄來。其餘3個部份的主要土地組成分別是石灰岩、沙土和紅砂岩。

想知道這些土地各自的表現？光說太難理解，所以Ogier特地在四片土地上同時間採收葡萄，以相同的葡萄比例，相同的釀酒技術去造出四款

不同的酒，理論上四款酒分別只在風土的差異。而差異明顯得像橙跟西柚的分別。雖然四款酒都有不同的美態，不過明顯東部的大石春土地種出來的酒最有力而味道平衡，難怪優質酒莊都集中在這邊。

介紹員手上的大石卵是東部田園最普遍會出現的大小，我看過最大的跟我的頭差不多大！

酒，由歌海娜、西拉、慕合懷特和仙索混釀，調配上最老已陳釀10年的酒，老酒的香醇加上新酒的活潑，不必陳釀即買即飲，難怪這款酒年銷量達45萬支！這酒聞起來充滿果香，還有茶葉和梅子香，喝下去甜潤而香料味豐富，單寧細滑，香濃可口，果然討人歡喜。

你到過教皇新堡區就知道，歌凱娜的老藤真歪成這樣，沒有誇張。

Maison Brotte

✉ Avenue Saint-Pierre de Luxembourg, 84230 Chateauneuf-du-Pape

☎ +33 (0) 4 90 83 70 07

@ musee@brotte.com

🕐 全年開放，節日除外

👤 參觀、試酒。莊內亦設博物館，展示遠至十四世紀的釀酒器具，以及講解區內釀酒方法

💲 免費

🚗 若寫火車，要寫明站名

🌐 www.brotte.com

Chateau de la Nerthe 拿勒莊
歲月的沉澱最老酒莊

酒是老的醇。老藤結出特別芳香味濃的葡萄之餘，單寧也特別溫柔。
在 Nerthe 拿勒莊，你就可以找到區內最老的 Grenache，都超過110歲，
是根瘤蚜菌侵襲後就種下的一批！

適合類型
第三型 文化藝術型

　　酒莊經理 Christian Voeux 帶我探望這些老藤，它們不
單壯如人的大腿，而且藤是盤旋地生長的，因為本地常受
暴烈寒風（mistral）吹襲，看起來東歪西倒，卻堅毅不屈，
比起被人悉心整理葡萄園，讓人別有一番感動。這些藤當
然由人手採集，連機器經過也要小心翼翼，以免傷害到這
班老人家。

　　這些老藤葡萄專用來釀造酒莊最高級的酒款 Cuvee
des Cadettes。酒裡除了歌海娜，還有莊裡最老的西拉和
慕合懷特，分別約60歲和50歲（Christian 解釋這兩種藤天
然壽命較歌海娜短，西拉易受旱，而慕懷特則易受蟲蛀），
用上全新木桶釀製。這種酒的陳年能力固然後好，但即使
在年輕時，這酒也展現出濃郁和深沉、同時味道複雜的特
質，一喝就知道與別不同！

　　拿勒莊在十二世紀，即教皇剛在這區建立夏宮和種葡
萄時已建立，是本地最老酒莊，是認識本區風格的最佳去
處。酒堡建於十七世紀，而在城堡地牢的古老酒窖更先於
城堡而建，落成於十六世紀。部份儲酒庫是將地底原石直
接開闢而成，即使放再多酒也不怕水壓過大的問題，天然
石塊也有小孔讓酒適度透氣，是古代人的智慧結晶。看罷
酒窖遊人更可於酒堡的宏偉大廳裡品酒。

Chateau de la Nerthe

Route de Sorgues, F-84230
Chateauneuf-du-Pape

+33 (0) 4 90 83 70 11

contact@chateaulanerthe.fr

全年開放，必須預約

參觀酒窖及城堡部份、品酒，商店

免費

駕車從亞維儂出發，約18公里

www.chateaulanerthe.fr/chinois/index.
htm

雖然經歷不斷的翻新，但這個古酒窖有一種揮
之不去的歷史感。

Domaine de Nalys 納麗斯莊
十三門徒的真面目

在大部份酒迷熟悉的波爾多，葡萄酒調配是高深學問，只有優秀釀酒師，才懂得如何借助不同葡萄的特性，去調配出香氣、味道和酒體都精彩的酒。

適合類型
第一型 無酒不歡型

但來到隆河南部，酒通常也包含好幾款葡萄，但卻不要想到像「調配」那麼細緻——這裡通常不會有一幅田只種西拉，或一幅只種仙索，而是同一幅田上同時種有不同品種，一併採收並一起榨汁和釀酒就是了！但想單獨了解個別葡萄的特性，看看它們長成甚麼樣子，就一定要來 Nalys 了，因為這裡是區內聞名的葡萄實驗基地。

納麗斯莊種了一個實驗園圃，毗鄰而種著區內允許使用的 13 款葡萄。酒莊人員對葡萄很熟悉，例如可以告訴你歌凱娜為酒帶來多重果香和圓潤的口感，而少許的仙索則給予果仁香和甜花香。若要看葡萄的話，就要在臨近採收的 9 月到來，否則只能看葉子了。在問准莊裡人員批准後，或許可嚐嚐它的味道，感受一下果皮香氣和甜度的分別呢！

納麗斯並與研究機構保持合作，除了種植實驗園圃，他們同時進行很多種植方法實驗，例如使用不同的天然肥料，拔走新芽以減低產量等。一家酒莊花上龐大力量在種植上做研究，她的質量還會差嗎？無論紅酒或白酒，納麗斯的出品都讓人喝到一份認真和嚴謹。

Domaine de Nalys

✉ Route de Courthezon, 84230 Chateauneuf-du-Pape

☎ + 33（0）4 90 83 72 52

@ contact@domainedenalys.com

🕐 全年，星期一及假期休息，建議預約

👤 參觀、品酒

💲 免費

🚗 駕車從亞維儂出發，約18公里

🌐 www.domainedenalys.com

十三門徒還是十八羅漢？

自產地來源法在 1936 年確定下來以後，教皇新堡一直容許採用 13 種葡萄來釀酒，雖然法例在 2009 年修定為 18 種，但其實都是同一款葡萄的白葡萄和粉紅葡萄當成分別 2 種，沒有真正增加新品種，因此很多區內的人仍當合法葡萄為 13 種，最常用的葡萄按次序為歌海娜、西拉、慕合懷特和仙索，其餘葡萄所佔比例一般很少，包括克萊雷（clairette）、瑚珊（roussanne）、bourboulenc、picardan、picpoul、counoise、muscardin、vaccarese 和 terret noir。

教皇新堡很多酒莊徽章上，都有象徵教皇權力的鑰匙。

Chateau Jas de Bressy
薩斯達伯斯莊
成熟美味新體驗

一般參觀法國酒莊時，可以品嚐到的酒都是最新年份，味道多數未夠平衡，若抱著享受美酒的心態大概會失望。不過在 Jas de Bressy，品試的酒都是六至八年前收成、已成熟的酒，來到這裡可有口福。

酒莊的另一個好處是葡萄園就在家門口，你就能看見整片田長著不同顏色的葡萄。莊主解釋因為從前種葡萄較隨意，例如一棵西拉死了，可能換成一棵歌海娜，而因為歌海娜是最強壯的葡萄藤，所以大家種這個種得特別多。不過現代的酒莊已不像從前般隨意，多數一棵葡萄死後都再種上相同品種，這樣才不會令未來種出來的酒跟從前有太大變化。

這個家族在區內有三個酒莊，除了薩斯達伯斯，另一個莊 Chateau des Fines Roches 其實與遊客關係更密切。這裡不設酒窖讓人品酒，本身卻是座古堡酒店兼餐廳，室內陳設是帶普羅旺斯色彩的豪華貴族風，窗外就是漫山遍野葡萄田，酒店餐廳品質在區內也數一數二。即使沒有時間入住，也要在這裡吃個午餐、拍個照。

很可惜這個角度拍得不怎麼樣，但若在現場看到，
你一定會很想到這古堡酒莊裡吃個午飯或住宿幾晚。

Chateau Jas de Bressy

✉ 631, Route de Sorgues, 84230 Chateauneuf-du-Pape

☎ +33 (0) 4 90 01 26 84

@ www.vmb.fr/en/contact-us

🕐 每年三至十月及十二月，下午開放，其餘時間須預約

👤 參觀、試飲

💲 免費

🚗 從亞維儂出發，上 N7 公路至 Sorgues，轉 D17 往 Chateauneuf-du-Pape，前行約4.5公里。
參考 www.vmb.fr/en/cellar?q=en/node/78

🌐 www.vmb.fr/en/wines-jas-de-bressy

酒莊家族城堡Chateau Fines Roches

✉ 1901 Route de Sorgues, 84230 Chateauneuf-du-Pape

🌐 http://www.chateaufinesroches.com

其他特色地點

酒館：Vinadea – Maison des vins

這家位於鎮中心的小酒舖酒區營辦，售賣及推廣整個酒區的酒。每天這裡有十款酒免費讓遊客品試，大小酒莊也有機會榜上有名，是個能喝好酒及認識整個教皇新堡區的機會。

Vinadea – Maison des Vins

✉ 8 rue Marechal Foch, Chateauneuf-du-Pape

www http://www.vinadea.com

遠足：Sentier Viticole（walk through the vineyard）

法國人喜歡遠足，不少酒區也有遠足路徑推介。教皇新堡的這條穿越著名的大卵石田，親自去踏踏可體會為何當年這田連馬也不肯耕。不同季節田裡有不同面貌，我去的時候在收成季以後，剛下了幾場大雨，整個田野變成一遍野花海，是一個驚喜。這條遠足之路離鎮中心不遠，若不肯定入口處，可向Vinadea – Maison des vins 的職員查詢。

Sentier Viticole

✉ 8 rue Marechal Foch, Chateauneuf-du-Pape

www en.chateauneuf.com/le-sentier-viticole

住宿：Le Wine B&B «Chez la Sommeliere»

民宿主人 Danielle 不單是個侍酒師，對教皇新堡區超級熟悉，她更曾多次到香港，熱愛亞洲文化。這裡只有3個房間，有趣的是會看見一些亞洲擺設！，但基本非常普羅旺斯式。Danielle 會親手弄美味早點，又會招呼客人到花園裡品酒，住到這裡就像住在一個本地朋友的家一樣。

在 Le Wine B&B 裡，你能感受到地道普羅旺斯風格。

Le Wine B&B

✉ 20 Avenue Charles de Gaulle, Chateauneuf-du-Pape

@ thewinebb@free.fr

酒莊：Domaine de Fontavin

來到隆河南區，九成人都只為到教皇新堡區去。不過旁邊的 Gigondas 也有好酒，例如這家酒莊。開車過去其實只需要10分鐘，若去教皇新堡不妨同時前往這酒莊。沒有甚麼特別看頭，但酒好喝。

Domaine de Fontavin

✉ 1468, Route de la Plaine, 84350 Courthezon

@ helene-chouvet@fontavin.com

在阿維儂斷橋上跳舞

我們一直在說教皇「新」堡，那麼正牌教皇堡在哪裡？教皇堡酒區代表 Hortense 帶我上教皇新堡的堡壘遺址，遙遙指著西南方遠處，「你看見那邊的堡壘嗎？」的確看見像碉般的建築，原來就是位於阿維儂的正牌教皇堡。為甚麼要能夠互相望見？原來是為了方便以烽煙通訊！

在阿維儂當然要進去教皇堡去參觀，但若要拍照留念，這對情侶選擇的遙遠自拍角度還真不錯。

一場來到南隆河，當然要順道遊覽阿維儂。一抵達阿維儂市，就會被它那包圍著市中心的巨大圍牆吸引著，那細緻的雕飾讓人覺得像置身童話故事一樣。而那可不是迪士尼樂園式的虛假建築，卻是由克萊蒙五世（就是那個出身於波爾多那個愛酒教皇，P.57）欽定了阿維儂作居住地時就建造的。

要尋找教皇的足跡，不得不到現已改建為博物館的教皇堡，在十四世紀連續七任都是法國教皇，他們都住這裡，以後就通常住著教廷的使者。雖然今天只剩空盪盪的建築，但從建築結構和牆上的裝飾就能看出當時的氣派。我最愛地上那些繪畫圖案精細的地磚，又細又密的色彩都由工匠人手劃出來，從前教皇生活的奢華由此可見一斑。

教皇堡建在一座小丘上，從這裡能看見那道架在隆河上的著名阿維儂斷橋。這橋當然是個重要景點，站在橋上，河水滾滾的隆河顯得特別好看。要進橋要付入場費，但那

導覽錄音（audio guide）是值回票價的，而且竟還可以選普通話！錄音內容包括那建橋神跡傳說，以及阿維儂人民因抗抵法國入侵（阿維儂在法國大革命以前並不屬於法國），而被法國國王炸斷橋的事跡，即使你不特別喜歡歷史也會覺得那錄音內容有趣。

除了看歷史，我特別推介城裡的室內街市，賣的東西跟農夫市場一般新鮮，但每天開放。我第一次看見人們像挑冰鮮雞一樣挑死兔子，有些還帶毛皮的！可說是不小的文化衝擊。這裡有大量最新鮮的各式芝士以及以橄欖、番茄和鯷魚做的各式冷盤和醬料，充滿地中海風情。街市以垂直方式綠化，讓外牆爬滿植物，因些相當易認。

假如湊巧七月來到，就不能錯過法國其中一個最大的藝術節——阿維儂節（Festival d'Avignon）。這個已有超過60年歷史的藝術節，每年吸引超過10萬觀眾到來觀看不同的劇場和舞蹈表演。記得要及早預訂門票和酒店呢！

親愛的阿維儂橋

對來自歐美的人來說，阿維儂橋的親切感就像我們的倫敦大橋，因為都是他們小時候就常常唱的兒歌，當我們唱「London Bridge is falling down」時，他們就在唱「Sur le pont d'Avignon（在阿維儂橋上）」，參觀當日我真遇上兩個孩子一邊唱這歌一邊跳舞。上橋前強烈建議你先聽聽這兒歌：
http://www.youtube.com/watch?v=uJKfxtYAt0s

在阿維儂橋上的兒歌MV

資料

阿維儂節網址：http://www.festival-avignon.com/en

誰說法國人不吃內臟
里昂震撼之旅

很多人覺得只有「野蠻」的中國人才吃內臟，歐洲人只會「鋸扒」。
那你一定要到隆河的北大門、號稱法國美食首府的里昂來，那無
內臟不歡的餐牌叫平常連肉也少吃的我看傻了眼！

這傳統來自很前里昂是製絲起家的城市，城裡住著大量工人需要吃很多來補充體力，最便宜的肉類就是內臟，但法國人對食物的要求當然不隨便，結果造就了很多「重口味」名菜。要吃最道地的里昂口味，就要前往稱為Bouchon的餐廳。

里昂的口味大概也相當於北隆河區的口味，他們愛吃味道濃重的肉，更喜歡重手下奶油。最常見的包括豬大腸包豬大腸、燉小牛頭、牛柏葉、雞肝批，根本是膽固醇的代名詞！我愛吃清淡點，一種以魚漿混麵粉造成的魚肉粉團（quenelles），一般泡在忌廉龍蝦湯裡，很軟滑好味，配上油潤飽滿的康德呂白酒叫人很愉快。另外還有里昂沙律，即是加了水波蛋和大量煙肉的生菜沙拉，也是不會出錯的選擇。

里昂以木偶聞名，這個街頭藝人老伯胸前掛著個小劇院，左手控制場景變換，右手飾演猴子説書人，即使聽不懂法文，也覺得相當精彩。

若你打算到北隆河逛酒莊，里昂會是一個很好的旅遊基地或中轉站。作為法國第三大城市，加上自羅馬人在公元前創立里昂以來，這裡不受天災或人禍侵擾，因此有很多漂亮的古老雕像和建築都完整地保留下來，在這裡花上數天也未必看得完。我自己最喜歡老城區（Vieux Lyon），不單因為區內保留了很多文藝復興建築物，街上有很多特色小店和Bouchon餐廳，走著就有種目不暇給的感覺。里昂另一特色是有很強的木偶戲傳統，不單有木偶博物館，在舊城區裡仍有一些手造木偶的店，更有街頭藝人拿著木偶表演！想知道穿廊的詳細位置，或更多里昂可玩的，可以到旅遊局查詢詳情。

Andouillettes是以豬大腸包著豬腸做成的手工香腸，由夏布利至里昂都有得吃。這裡的大腸先以夏布利酒醃過，再添上豐富香料去煮，最後佐以夏布利特濃特辣的芥末。

里昂菜中法菜名對照

里昂特別多特色菜，但在地道小店裡卻連英文也不提供，想挑戰重口味的朋友就據這表按圖索驥吧！（有些菜色在布根地以至阿維儂一帶都有供應）

前菜類：

gateau de volaille	雞肝批
boudin noir	血腸，通常配蘋果蓉及其他配菜
cervelle de canut	「紡織工人的腦袋」，白芝士混香草的醬

主菜類：

quenelles	龍蝦湯，魚肉粉團
andouillette	手工豬大腸包腸
tete de veau	小牛頭
poulet en vessie	豬肚燉雞

雞肝批

龍蝦湯，魚肉粉團

北隆河上的名「朱」
夢幻巧克力工廠

說實在艾米塔吉真只是一個小鎮，能擁有這麼優秀的葡萄園、聚集了好幾個隆河谷的酒界明星已很了不起，想不到了聞名全世界的Valrhona巧克力也以這裡為基地。一個結合美酒與美妙巧克力的小鎮，叫人怎能抗拒？

　　不過不要誤會，這裡是不種可可豆的。Valrhona是在上世紀20年代由一位要求很高的甜品廚師所創立，他為了取得最滿意的巧克力原料，無心插柳下反而成就了一番事業，現在全世界有名的甜品店和酒店都有採用這品牌。覺得過Valrhona這個名字很不好唸不好記嗎？原來Val=Valley，rhona=Rhone，名字意思就是隆河谷。

　　這個巧克力廠不能參觀生產過程，但為了滿足一眾巧克力迷，它建造了一座巧克力之城！有一刻你會以為自己走進了《查理與巧克力工廠》裡的巧克力廠，無論是兩層樓高的裝飾，還是大廳上每一個機關，全都會吐出精緻的巧克力。這巧克力之城的主題是教育，它教你巧克力如何自樹上來，如何到你的口袋去，當你努力學習時，它就以各種各樣的借口賞你吃巧克力。世界上怎會有這樣幸福的學習環境？離開巧克力之城後，連隨就是巧克力天堂。其實是商店，不過這裡設有無限制試食，由濃滑的巧克力熱飲，到手工巧克力，各式原味巧克力，果仁巧克力，特級果園（Grand Cru）巧克力，任你吃個飽才下購買決定。很多人都吃得很兇，買得更兇，捧上千元的巧克力回家也是閒事，店裡從早到晚都是買巧克力的人龍。

　　說到特級果園巧克力，這真是為老饕們提供一個精彩的辦法去鑒賞巧克力。這些Grand Cru一般是一套一套發售的，同時包含數款不同的巧克力，讓食客可以一邊品嚐一邊比較，從而更了解巧克力的變化之美。吃巧克力也這樣認真，大概只有法國人！

Valrhona

14 Avenue du President Roosevelt
26600 Tain l'Hermitage

+33 (0) 4 75 07 90 62

周一至周日

參觀/商店

參觀 €10，商店免費品嚐巧克力

駕車；火車，距離艾米塔吉火車站約800米，可步行前往

http://en.valrhona.com/accueil.aspx

備註：巧克力店另設專業巧克力製作學校，有興趣可參考以下：
www.gourmets.valrhona.com

一旦進入Valrhona的巧克力之城，就像進入查理的巧克力工廠般，盡是吃的機會。

整個艾米塔吉鎮都以Valrhona為榮，餐牌上的甜點幾乎都是巧克力類別。

巧克力與酒

巧克力是歡樂的要素，歡樂之源隆河可不光有一家巧克力工廠。在教皇新堡區的Chocolat et Cie不單讓你走進巧克力製作廚房，更讓你親手以模子試試做巧克力。店舖更沒有忘記它身處酒區的優勢，有俊俏又熱情的侍酒師進行巧克力配酒工作坊，除了配紅酒，更用上這區有名、而區外較少見的Rasteau區甜加烈酒（vin doux naturel），讓人不單對巧克力，同時也對隆河酒區加深認識。

 Chocolat et Cie

 Chocolat et Cie, Route de Sorgues, Chateauneuf-du-Pape, France

 http://www.chocolat-castelain.fr

有駐場帥氣侍酒師教大家如何酒配巧克力。

時光倒流一百年的豐收節

不少酒區都會舉辦收成慶典，雖然有時這些鄉村大部份人都只會說法語，而且位置偏僻，但氣氛往往熱鬧得叫人振奮。我曾到隆河南部的小鎮 Chusclan 楚斯科蘭參加了「Vendages de l'Histoire」，是典型的收成慶典，所有參加者都玩得非常開心！

Chusclan 的慶典在每年十月份的第二個周六及周日舉行，當天小鎮像時光倒流到十九世紀末一樣。Chusclan 是一個僅住了一千人左右、務農為主的小鎮，村民打從心底敬重傳統，因此自發將鎮中心的房子保留石砌外牆和木造窗框等古老建築風格，在慶典裡更人人都換上傳統服裝。若想試穿這南法胡西雍（Roussillon）地區服飾樂一番，售票處也有傳統服務租借。

在小鎮大街上，村民為大家上演古代農村生活的真人 show，例如有婦人以陳年的紡紗機人手紡線，有工人示範為馬匹換馬蹄鐵，還有街上接續出現的街頭樂隊和舞蹈團表演，以及傳統小吃的攤檔，讓人覺得目不暇給。不過這些只是點綴，真正的主角葡萄在下午才壓軸出場！

因為不會聽法文，開始時只知道鎮中心教堂前聚集了一大堆人，當然要擠進去湊熱鬧啊！台上的葡萄種植協會代表宣布了些甚麼後，大家就開始列隊魚貫離開廣場，由村代表帶領，接著是表演跳舞的女孩，然後是由馬和驢拉著的木頭車和其他村民，不少遊客也跟上去。大伙兒走著走著就離開了鎮中心，一直走到一片葡萄園才停下來。然後各人像採蜜的蜜蜂一樣各自散開，在葡萄藤裡一串一串的採。村民們將一些收集葡萄的大木桶放在田中央，不過更多人直接就將葡萄往嘴裡送！採滿了好幾大桶的葡萄後，巡遊隊伍就回到鎮中心。這時教堂前的空地已放置了不少一個世紀前用的葡萄榨汁器，幾個人將新採得的葡萄大堆大堆地卸進榨汁器裡，一人推著那榨汁手柄，紫紅色的鮮榨葡萄汁就在下面汩汩流出來，大伙兒拿著小杯，喝個不亦樂乎！

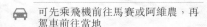 可先乘飛機前往馬賽或阿維農，再駕車前往當地

若想知道更多關於隆河谷酒區活動詳情，可到 www.vins-rhone.com

備註：一般這些慶典在每年9月或10月舉行，時間許可務必要參加一下。

在豐收佳節又怎欠得了音樂？

平常要試吃熟得足以釀酒的葡萄殊不容易！我就乘這機會盡情吃了。

普羅旺斯星空下的梵高

在 Google 鍵入「隆河」以後，首先出現的相關搜尋不是酒，卻是「隆河上的星光」。這浪漫的字串代表了甚麼？其實就是梵高在距離阿維儂 30 分鐘火車的亞爾城畫的一幅名畫。

事實上，梵高的一生與亞爾城有密不可分的關係，那時他因為在失意於巴黎，因此來到亞爾投靠他的好友、另一位名畫家高更，可是二人很快便鬧翻了，有說他把耳朵割下也因為這件事。

除了〈隆河上的星光〉，在亞爾他畫下了自己因為貧窮而蝸居的〈在亞爾的臥室〉，還有名作如

〈亞爾醫院的庭園〉場景。每當看見這介紹柱子，就知到達了一個梵高當日作畫的地點。

其他酒店

Lyon - Kyriad Lyon Sud - Sainte Foy

在 2012 年重新進行了裝修後，無論是來里昂出差還是休閒旅遊，您都可在聖福瓦里昂南奇拉德酒店得到滿意的服務。酒店裝修以鮮明的顏色作主調，感覺非常有活力。酒店的免費無線寬頻十分快速，職員也很親切。對這酒店印象最深的一定是它的早餐，光是雞蛋已有五種做法，更即點即製，充份反映里昂人對吃的堅持。由於酒店距離市中心約 3 公里，較適合有駕車的旅客入住。

Kyriad Lyon Sud - Sainte Foy

35 Chemin de la Croix Pivort, Lyon, France 69110

+33 (0) 2 07 51 95 045

http://www.kyriad-lyon-sud-sainte-foy.fr/fr/index.aspx

〈夜晚露天咖啡座〉。

〈夜晚露天咖啡座〉，和〈朗格魯瓦吊橋〉等，最後他住進的精神病院也在亞爾，並繪下了〈亞爾醫院的庭園〉。由於很多遊人都來想要走梵高走過的路，因此本地旅遊局造了一條「找尋梵高的足跡」的旅遊路徑，在所有當年他寫生過的地方豎立柱子印上相關的畫作，以及簡介，對照看著相當有趣。

除了梵高塗上的色彩，這裡還有法國少見的鬥獸場。這個鬥獸場較羅馬鬥獸場晚10年左右的公元90年建成，外形與羅馬那個大同小異，只小一點。不過在羅馬帝國沒落、約公元五世紀以後，鬥獸場荒廢了，古代物資匱乏，要開採大石建屋毫不容易，漸漸就吸引了平民住進這現成的瓦遮頭裡，並逐漸加建，最終一個鬥獸場就住了200戶人家，或許有點像福建的土樓，中央原本鬥獸用的平地還建了兩座小教堂！這樣反而曲線保護了鬥獸場免被拆掉。直至十八世紀政府才將居民遷出，並復修鬥獸場。今天的鬥獸場保存完好，在高處可看亞爾城全景，每年4月及9月會重新舉行鬥牛表演。若覺得鬥牛太殘忍，則可留意這裡每逢夏季舉辦的露天音樂會！

資料

旅遊局：www.arlestourisme.com
若想知道「找尋梵高的足跡」如何走，以及其他旅遊資訊，可到旅遊局查詢

Avignon - Cloitre Saint Louis

位於風景優美的亞維尼翁市中心區，從聖路易斯修道院酒店可俯瞰阿維儂，是來這裡觀光的最佳選擇。酒店與阿維儂市中心和教皇堡距離只有十分鐘的腳程，旅客可輕鬆前往市區內各大旅游、購物、餐飲地點。酒店裝修最特別之處在於擁有一個種滿大樹的中庭花園，即使安坐房裡，也能看見婆娑樹影，感覺相當詩意。酒店的藝術感不單來自古雅的建築，這裡更是有名的阿維儂藝術節總部，若要在藝術節期間到訪，務必要及早訂房。

 Cloitre Saint Louis

 20 Rue du Portail Boquier, Avignon City Center, Avignon, France 84000

 +33 (0) 4 90 27 55 55

 http://www.cloitre-saint-louis.com/en

Chapter 5
讓男人雄起
讓女人嬌美
香檳

讓男人雄起　讓女人嬌美
香檳

香檳，這個優雅與豪華的代名詞。它是唯一讓女人喝下去後變得更漂亮的酒（龐比度夫人，路易十五情婦語）；在勝利時要開一瓶來慶祝，失敗時要開一瓶來安慰的酒（拿破崙語）。

有些酒廠仍靠人手轉瓶除渣，這裡百多瓶才花一個熟手技工一分鐘多去轉！一天要轉的量可以想像有多少。

喝波爾多的是富人，喝香檳的是皇室。能讓出這公主一般氣質的酒的酒區，當然也地靈人傑，其他酒區可能以鄉郊風情作主導，即使貴氣如波爾多，與香檳的中心漢斯（Reims）相比，也黯然失色，因為法國歷代的國王都在這裡的大教堂加冕（不是巴黎），這大教堂的地位尤如英國的西敏寺。而且由於漢斯的戰略性地位，這裡永遠是戰爭的前線，雖然在一次大戰裡被德軍炮火幾乎夷為平地，但也造就了一個充滿 Art Deco 風格的新城市面貌，在法國來說也很獨一無二。

風土與一個地區的出品有莫大關係，但在香檳區來說就有一重更深的意義。香檳區的土地以白堊土（chalk）為主，原來這物質在地底下時很濕很軟，一旦整塊從地底起出來，便會成為堅硬的石塊，香檳區的人自公元四世紀開始已懂得在地下採石為用，因此這底下有上千公里的採石隧道。這些隧道今天全都被用作存酒。你說這跟其他酒區有甚麼差別？不過是找個地方存酒而已。但香檳要窖藏的年期比其他類型的葡萄酒都要長，就是一家酩悅（Moet et Chandon）一年已出產近 3,000 萬瓶香檳，但香檳不是窖藏一年就能賣。香檳區第二重要城市艾貝內（Epernay）裡有一條香檳大道（Avenue du Champagne），表面

看來就是多家香檳廠堂皇的大宅，但若計及地底收藏的香檳的價值，真是一個小國也能買下來！

香檳區的面積不少，但大部份人參觀時只集中在漢斯和艾貝內，除了因為這兩個城市集中了大部份知名酒廠，也因為香檳區的特級莊園都集中在這裡附近。香檳區特級莊園以村作單位，只有 17 條村位列這個級別，佔整個香檳區田地少於 9%，這些田園不少都在大香檳廠手上。這些田園雖沒有正式開放予人參觀，但葡萄園就種在起伏的山巒之間，這些莊園不單整齊漂亮，加上一路上點綴著不少由麻石房子和小店組成的小村，無論開車或踏單車遊覽，鄉郊風情也實在叫人心曠神怡。

遊覽香檳區是相當輕省的事。若到波爾多，若留不了四天其實不值得去，除了因為地域廣闊，兼要花時間體驗法國西南部文化，最重要的是由巴黎前往光是火車車程已要 3.5 小時，交通已花上半天；香檳區呢？以巴黎為根據地，即日來回也可，因為乘 TGV 到漢斯才 45 分鐘（若到艾貝內可坐 1 小時的普通火車）。而這區開放讓遊人參觀的酒廠也不算多。若一天遊，早上看看大教堂，接著在城裡繞個圈，找個地方吃個午餐來杯香檳，下午參觀一個酒莊兼酒窖，禮成。很省事吧。

香檳區地圖

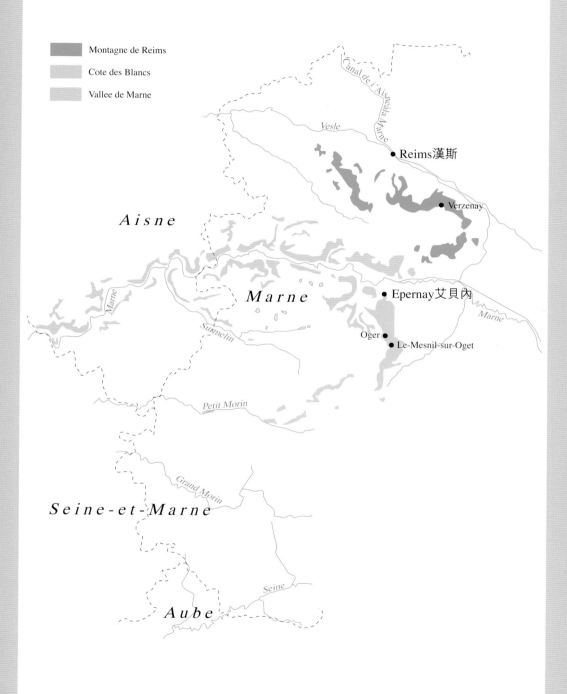

- Montagne de Reims
- Cote des Blancs
- Vallee de Marne

Aisne

Marne

Seine-et-Marne

Aube

Canal de l'Aisne à la Marne

Vesle

● Reims漢斯

● Verzenay

● Epernay艾貝內

Marne

Oger ●
● Le-Mesnil-sur-Oget

Marne

Surmelin

Petit Morin

Grand Morin

Seine

Moet et Chandon 酩悅
造皇者

酩悅 (Moet) 大概是大份人所喝的第一口香檳，就算她並不是第一家香檳廠，不過卻是最有影響力的一個品牌。在成立初期，擅於交際的酩悅先生 (Claude Moet) 與路易十五建立了很好的關係，路易十五的情婦龐比度夫人就是酩悅的忠實粉絲。

適合類型
第三型 文化藝術型

　　隨著時間的推移，由拿破崙，至俄國沙皇，英國的維多利亞女王等，都是酩悅的主顧和活招牌。到了十九世紀末，酩悅誇張得像擁有了整個鎮一樣，照顧了上2千名員工的生計，以至生養死葬的全面保障！當時酩悅的年銷售量已達250萬瓶。在二十世紀，酩悅的發展就是不斷的收購，包括其他大香檳廠如梅西耶、Ruinart、凱歌夫人、Krug等，對啊，即使大家以為自己不在喝酩悅，其實還是在喝它的出品！除了收購香檳，品牌還收購香水，與干邑區的軒尼斯合併，最終更與奢侈品牌路易威登 (LV) 合併，終於成為了今天LVMH這個超級企業。

　　說這麼多，就是為了解釋為甚麼每年多達8萬人參觀酩悅香檳廠，而且必須預約！這裡除了讓人細看那九曲十三彎的藏酒隧道，而最特別的卻是在進隧道以前參觀酩悅大宅裡的文物，如長桌、燭台和古老的售賣紀錄等。

Moet et Chandon

20 avenue de Champagne, 51200 Epernay

+33 (0) 3 26 51 20 20 (預約熱線)
+33 (0) 3 26 51 20 00 (其他查詢)

visites@moet.fr

3月24日起每日開放；1月底至3月底逢周一至周五開放，假日除外

參觀、試酒、商店

參觀由 €21 起

從 Epernay 火車站步行約450米

www.moet.com / 預約 www.moet.com/Visit-us/Visit-our-cellars

説到這最具代表性的香檳廠，多少也有些古董看。

酩悅的大宅極具氣派。

小知識

∽◆⦿ 來自星星的飲料 ⦿◆∽

對於香檳裡的泡泡，浪漫的人會覺得「我像在喝星星！(Dom Perignon 語)，不懂的人會問「是有汽礦泉水加白酒嗎？」(真人真事！)

從前香檳區出產的都是普通紅白葡萄酒，可是香檳區比巴黎還要北，天氣太冷使酵母靜止，發酵中斷。酒農不知就裡把酒裝瓶後，到了夏天，酵母醒過來，繼續工作，發酵中產生的二氧化碳便留了在酒裡，斟出來時便會有微微的氣泡。但在一開始時，這些酒會被當作壞酒。

後來有人覺得有點泡泡也不錯，開始研究如何造泡泡酒，最終將這發揚光大的就是 Dom Perignon 了 (這超級品牌也是酩悅的)！在經過不斷的改良後，香檳變成這樣製作：首先將葡萄酒釀好，然後入瓶。接著加入適量的糖和酵母，讓酒在瓶內做二次發酵，以控制汽泡的濃度。酵母在鞠躬盡瘁後會變成沉澱酒渣。將它們去掉後，添上適量的糖水調味，香檳就完成了。這也是所謂的「傳統方式 (methode traditionelle)」。

Veuve Clicquot Ponsardin
愛美麗的凱歌夫人

現在的香檳晶瑩漂亮，但在十九世紀中葉以前，香檳是混濁的。
因為香檳要在瓶裡造二次發酵，死掉了的酵母就會沉在瓶底，一
搖瓶子酒就變濁。

　　愛美的凱歌夫人對此看不過眼，「要是能把
瓶子倒轉，將沉澱集中在瓶頸，一打開蓋不是
可以把沉澱物去掉嗎？但總不成以人手抱著瓶
子。於是她打自己的廚房大桌主意，在上面挖
出一個個跟瓶頸差不多大小的洞，倒插著就好
了！」導遊小姐說得甚有現場感！難怪今天放著
待除渣香檳的架子都有點桌面的樣子。話說回
來，要把沉澱去掉，無論如何小心翼翼，也會損
失了一點酒，看起來就像被偷喝了一口一樣。於
是香檳廠都回添加一些東西，有糖水，有酒，
有人說還有其他的香料，但這些都是香檳的秘
密配方，總之就令香檳更美味。過程稱為除渣
（disgorgement）。

　　凱歌香檳現在屬於LVMH旗下，它那鮮艷的
黃色酒標極具標誌性，品牌設計花巧多變，例
如香檳的其中一個設計竟然是超巨型沙甸魚罐
中藏著香檳！原來凱歌夫人的閨女姓氏、即她
父親的姓氏是Ponsardin，在法語pont是橋的意
思，sardin就是沙甸魚，因此家族盾徽（coat of
arms）上就畫了一道橋和一尾沙甸魚，就有今天
的沙甸罐香檳了。

　　凱歌的酒窖就在地底20米深的位置，即差
不多8層樓深，加起來長25公里，是一個非常大
的酒窖。那在眼前有向左和向右的不同通道，整
個酒窖就是由很多條交錯的通道所組成，通道旁

在凱歌大宅裡，有很多附有凱歌標記的精彩擺設，
我覺得這隻配了凱歌坐鞍的舵鳥相當神氣！

凱歌香檳的酒窖總館 Demarville 先生讓我品試各種基酒，不同田地和不同年份的基酒味道跟喝慣的凱歌香檳像毫無關係一樣，但當喝一口最常喝的凱歌 Brut 時，以往嚐過的各種不相干的味都能喝出個影兒，感覺很神奇！

一模一樣地放了一疊疊的香檳瓶，通道交滙處看來個個一樣，根本就是個大迷宮！之前說過漢斯是戰爭的前線，像這種大迷宮就十分具戰略性，因為地窖隱閉，要找也不容易，即使找到入口，若對路徑不熟悉也不敢輕易闖進去。除了老酒得以保存外，戰爭期間不少民眾更會住進酒窖去避難，在這酒窖內，就可以看到紅十字的救傷標誌，保留了一些戰爭的記憶。

Veuve Clicquot Ponsardin

✉ 1 Place des Droits de l'Homme, 51100 Reims

📞 +33（0）3 26 89 53 90

@ visitscenter@veuve-clicquot.fr

🕐 12月至翌年6月初，逢星期二至五開放

👥 參觀、試飲

💲 參觀連試飲 €20 起

🚗 距離 Reims 火車站約3公里

www www.veuve-clicquot.com

在這酒窖內，就可以看到紅十字的救傷標誌。

Mercier 梅西耶
激光小火車地道觀光之旅

來到梅西耶，會有一種到了遊樂場的興奮感覺。一進大門，目光已被超巨型而布滿浮雕的酒桶攝住了心神。這個超大酒桶並非純粹裝飾，卻是酒廠在1898年，參加世界博覽會時用作盛載香檳的器皿。

　　想當年，這個酒桶用上數十條牛一起拉，從Epernay艾貝內一直運到巴黎去，可謂困難重重，兩個途中小鎮的城門因為太窄，更要拆掉讓路給酒桶呢！

　　大酒桶只是參觀序幕，接著就乘搭觀光玻璃電梯參觀地下酒窖。隨著電梯下降，面前出現一幕幕由模型砌成的香檳城風光。據說帶點瘋子氣的老闆曾在儲酒隧道裡舉行賽車！今天大家參觀時也坐車，但當然不是一級方程式，而是一輛由激光導航的小火車。在車上，播音就深入淺出地介紹關於香檳製作和梅西耶的歷史。

　　香檳須經長時間窖藏，要很多人逐瓶地照料，成本高，售價也非常貴。創辦人Mercier先生為了讓普通人也能享用香檳，特地以便宜價格去釀造。這大眾化的氣質也解釋了為甚麼酒廠會是區來首家向公眾開放的廠家，而且即使不是飲家，也能得到一場愉快的參觀之旅。

Mercier

68-70 Avenue de Champagne, 51200 Epernay

+33 (0) 3 26 51 22 22

@ 預約網頁：www.champagnemercier.fr/en/la-maison

參觀，試酒，商店，必須預約

2月底至3月底，星期二至星期五開放，3月底起每日開放

$ 參觀 €13 起，參觀連試酒 €15 起

距離 Epernay 火車站約 1.2 公里

www.champagnemercier.fr

酒廠大門口就展覽著 1898 年參加世界博覽會所使用的超巨型酒桶。

香檳小酒廠探秘

在香檳區，讓人參觀的香檳廠都在市內，他們可能讓你看大宅，
酒窖，陳年中的瓶子以至裝瓶設施，但總沒得看田地部份。若真
想看看這邊葡萄種植的模樣，或感受一下郊區的景致和空氣，旅
遊局的半天團是好選擇。

簡單地説一下風土地理。香檳區的好地基本都在山頭
上，無他，就是因為這區太冷，在日照好的斜坡葡萄才夠
成熟釀好酒。若跟隨旅遊局的玻璃巴士觀光團，就會先把
大家載到山上其中一條村漂亮的 Grand Cru 村 Verzenay，
遊客們可以在不知是誰家的葡萄園上穿來插去，好些長輩
都玩得像孩子一樣！

拍過照後當然要參觀一下香檳廠，但這次看的不是城
裡那些富有的大型香檳廠，而是帶點「山寨」味的家庭式香
檳廠。因為我一直只看大廠，當人家介紹自己的酒正在不
鏽鋼桶裡發酵，著大家摸摸那發酵的暖意時，我卻魯莽地
問了一句：「你們不用恒溫的釀酒桶嗎？」，主人答：「哪裡
用得起那些貴價器材。」雖然感到有點尷尬，但也慶幸參加
了這旅遊團，因為可以看看小釀酒戶的真實生活！

另一件令我震撼的是人手除渣過程。之前説過香檳要
經過二次發酵，在瓶子裡死掉的酵母都聚在瓶頸，在適當
時候就開瓶除去。在大廠裡這步驟都由機器去做，但在這
裡，大家看著一個個瓶子倒插在零下三度的冰鹽水裡，除
渣就是人手開瓶，讓那結了冰的死酵母和少量酒從瓶中彈
出，再塞住瓶子。那真是快到看不真的一套動作呢！小本
製作果然另有一套生存之道。

 漢斯旅遊局

巴士團網址：http://www.reims-
tourism.com/Decouvrir/Patrimoine/
Visites-en-bus-panoramique
旅遊局網址：http://www.reims-
tourism.com/

備註：除了巴士團，另有多種一天
遊活動可供選擇。

Reims 漢斯
Art Deco 之城

在法國遊覽，建築一定是其中最精彩的一環。在其他酒區，有質樸的風景，有堂皇的風景，但漢斯卻是獨一無二的，雖然它也擁有古蹟，更是現存全世界最大座羅馬人古城門（長33米），也擁有最宏偉的，法國國王加冕的大教堂，但這些都不及那讓人走了進法國電影場景、充滿藝術感的 Art Deco 風格建築，說的不是個別幾幢，而是整個城市！

漢斯至巴黎乘 TVG 只需45分鐘，而漢斯至德國邊界的斯圖加特同樣只需4小時的車程，漢斯的地點可謂相當戰略性。在第一次世界大戰爆發僅一個月時，漢斯已遭德軍全面轟炸。在戰後時，Art Deco 建築風格興起，結果這裡就成了 Art Deco 建築師的實驗場，例如大教堂後面的圖書館，那是市內 Art Deco 風格最重要的建築物之一。不單有漂亮的彩色圖案玻璃窗，還有半圓型的閱覽室和八角型吊燈。在市中心銀行區的大樓，不少都在角落處由直角變成典型的 Art Deco 圓角。不過由於戰後資源有限，這裡建築的另一個特色是裝飾大多只集中在當眼處。

若想感受一下該城戰前的富裕，就要看看那些戰爭中的倖存者，例如 Le Grand Hotel Continental，酒店在1862年落成，在一戰期間幸運地避過轟炸。酒店大堂就相當華麗，接近三層樓高的樓底吊著精緻的巨型吊燈，還有繁花似錦的地氈，有點法式古堡的裝修韻味。最有趣的是看來有點小的正門和服務台的位置，原來是從前馬車的進出口。從前馬車可駛至前台，客人才下車做登記，非常方便。

如果 Art Deco 風格的城市面貌是一次大戰苦難的證據，那麼在車站以北的投降博物館（Musee de la Reddition）就是漢斯在二次大戰一雪前恥的見證。在二戰期間，漢斯是盟軍的作戰前線。這幢博物館前身是盟軍總司令艾森豪威爾辦公室的大樓，德軍最終也在這裡簽下無條件投降的協定。今天在展館裡仍保留了當年德軍簽署降書的桌椅，當年的軍隊制服，牆上掛著盟軍作戰的地圖，還有不少當年宣布勝利後的剪報和舊照片等。雖然展館並不大，但戰爭迷實在不容錯過。

 Le Grand Hotel Continental

 93 Place Drouet d'Erlon, 51100 Reims

+33 3 26 40 39 35

 www.grandhotelcontinental.com

漢斯旅遊局網址：www.reims-tourism.com 所有景點及相關資訊，可到旅遊局查詢

Plus
附錄

要這樣跟酒莊打交道

1. 品酒的禮儀

到酒莊參觀，大家最期待的一定是品酒。專業的做法是將酒在口裡漱一遍，讓口腔每個位置都能感受酒味，之後就吐到旁邊的吐酒桶，以免喝得多會干擾後來酒款的味道。但旅遊時喝到好喝的不吐也沒所謂，要求酒莊人員多添也可以，但必須請人家斟。若酒量不好別勉強，有酒莊的人告訴我見過中國人飲醉胡鬧，很丟臉。

2. 買酒見大體

除了最有名的酒莊要收費，大部份酒莊都讓來客免費品酒和參觀，甚至讓客人一口氣品試很多款酒，以一盡地主之誼。若你覺得整個參觀經驗愉快，酒又好喝，盡可能幫襯酒莊買些酒吧！那是最佳致意方法。

3. 預約是保險

到酒莊參觀時，預約是尊重，也有實際需要。對酒莊來說，釀酒是正職，接待遊客無可無不可；若更是一個小酒莊，人人都有崗位忙，尤其公眾假期、暑假和收成期間（一般八月尾至十月），酒莊都很有可能因事忙而不接待遊客。若不預約，準要吃閉門羹。岔開一筆，有心儀的餐廳最好也發個電郵預約。

4. 預約電郵如何寫

一般來説寫英文酒莊都懂。註明自己希望參觀的日期、時間和人數，詢問期間可否到訪就可以。為了方便自己參觀，最好同時問明前去方法（車路如何走，最接近的火車站站名等），因為鄉間小路有地址也不好走，而火車站偶然會改名（！）。

5. 求生小手冊

① 即使你完全不懂法文，日間見人説Bonjour（即 good day，音：bone-sue），晚上説Bonsoir（即 good evening，音：bone-s-wa），才用英文問人是否懂英文，法國人都會更親切。

② 進入餐廳時，侍應一定問你「多少人？」，聽不懂就舉起手指示意，準沒錯。

③ 到小吃攤和小販檔，知道想要甚麼但不懂説，指著想要的東西説 ça（音：sa）。

④ 最好在手機裡裝翻譯 app（如：Google translate），想説甚麼翻出來。

法國火車遊攻略

法國火車網絡完善，火車站一般在市中心，較遠離市中心的機場方便，而且班次多，彈性大，所以我乘飛機在巴黎抵步後，無論前往波爾多、布根地、隆河谷和香檳區，無一不靠火車。即使打算做自駕遊，最好也先到心儀酒區附近最大的城市才租車，由巴黎一直開車至各酒區並不是容易的事。而且法國管酒後駕駛管得很嚴，所以靠火車來回酒區，才能喝得痛快。

攻略一：越早訂　票越平

到法國遊玩很少人是即興之旅，往往早兩至三個月已訂好機票，其實在訂好機票後已可以訂火車票，因為特快列車TGV提早兩至三個月訂票往往有很大的折扣優惠，而且若太遲購票，某些熱門班次更會客滿！所以必須提早訂票。辦法是登入 www.raileurope.hk，像訂機票一樣輸入出發地、目的地、日期和人數等資料就可以了。以一張由巴黎戴高樂機場（Paris CDG Airport）前往波爾多的二等車票約1,000元，提早2個月以上訂購票價可低於500元！

不過購買特價票時要留意車票退換條件，有些特價車票是完全不可退換的，有些要加錢才可更改日期或時間。一般車票在訂購後，在出發前一日是可以即時退款的，即使到了出發當日，只要加10歐羅就可以更改成另一班車。（我就曾因交通意外趕不及火車，最終加10歐羅改成3小時以後的另一班火車，否則要付70歐羅另外購票！）

攻略二：法國人只會法文……

TGV只涵蓋城市與城市之間的路線，真正產酒的地方一般都位於鄉郊小鎮，例如波爾多的波雅克（Paulliac），布根地的伯恩（Beaune）或北隆河谷的艾米塔吉（Tain），這部份服務由普通火車提供，並不能從 Rail Europe 那邊訂票。由於提早訂票沒有優惠，也沒有太遲購票會客滿的問題，所以只需查好班次，在火車出發前半小時到車站購票就可以。

查時間表可上 www.sncf.com，這網站雖可以轉英文，但轉了英文以後，只能查到城際火車，查不到本地火車資料，所以要留在法文網頁。我個人會使用網上翻譯軟件去解決這個問題，但讀者們也可根據這裡的圖示，輸入出發地點、目的地、時間等資訊，然後就會得出列車的時間表，在時間表上列明了車程時間、發車時間以及班次編號等資訊，然後你就可以記下所需班次到票務處購票。

除了在大城市如波爾多、里昂、阿維儂等，大部份車站職員都只會說法文。若想順利購得車票，最好的辦法是從網上把列車編號、出發時間和地點、到達時間和地點預先抄出來，票務員看著便懂賣票給你。另一個辦法是在有英語售票員的車站（如巴黎），一次過購買所有所需的地區車票，那就沒有後顧之憂了。

攻略三：捉不到的站名

　　法國車站的名字有時與地名並不一樣，網站的搜尋功能也不容易使用，所以本書裡詳細記載了酒區車站的站名，但更古怪的是偶然這些站會改名（搞不懂法國人在想甚麼），然後在網上就查不到交通安排。為安全起見，即使開車前往也一樣，在跟酒莊預約參觀時，問明最接近的火車站在哪裡，及車路如何走，以確保能順利到達。

攻略四：搭火車　不搭大巴

　　另一樣值得注意的是，有時網站顯示有車，但寫著的卻是「auto car」，若你不諳法文，最好不要選擇，因為「auto car」的意思是旅遊巴士，若你聽不明白法文廣播很容易錯過這些停在車站外的旅遊巴士，而且要下車可能也會有困難。

攻略五：找對月台　成功登車

　　成功購票後，就要在車站裡找到自己要乘車的月台了。在大火車站例如波爾多或里昂，車站有10個月台以上，要知道自己的月台，最有效的辦法是根據車票上的列車號碼對照報告板。假如報告板上未顯示月台位置，就耐心等候，因為有時會在列車到站前15分鐘才有指示。

特別提示：巴黎不是巴黎機場

　　巴黎機場在網站上顯示為「Aéroport Paris - Roissy - Charles-de-Gaulle（CDG 2）- Gare TGV」，理論上打上CDG或aeroport Paris，網址已經知道你要往返機場。若你只打上Paris，顯示「Paris（Toutes gares）」，那些是位於巴黎市中心的車站。千萬不要買錯票！

每個火車車卡均著明車卡編號、目的地等重要資訊，上車前宜留意。

在法航最新的廣告裡，展現著典型的法式浪漫。

起飛吧

在旅行時，選航班是重要的一環。到法國旅遊，我一定選法航。

原因一，直航班機多，價格卻有時比要轉機的其他航空公司還要便宜，超讚。

原因二，航班時間好得沒話說。出發的班機可選在半夜，上機後睡一覺，清晨6時到達巴黎。回程更厲害，可選晚上11時半才起飛的班機，足可讓你留連在巴黎血拼至黃昏才到機場辦退稅！

法國空姐空少故然女的俏男的俊，但最好的是在餐與餐之間，不用麻煩一班小姐少爺，因為機上設自助食物攤位，各式酒類飲品由紅白酒、香檳、力嬌酒和白蘭地等源源不絕地供應，小食由雪條至熱湯也一應俱全。這樣子去吃喝的話，不一會就可以在醉意中甜睡了。

若你準備過一個豪華品酒之旅，更一定要試試法航最新推出的頭等倉豪華間，那並不是光可以拉開來當睡床的椅子，而是一張在睡覺前可舖上床褥的睡床，扶手可完全收起，床潤達77厘米寬，在空姐笑盈盈地遞來的柔軟羽絨皮裡，讓你享受到真正睡在雲上的感覺。